ESSAI D'INTRODUCTION

A

L'HISTOIRE GÉNÉALOGIQUE

ESSAI D'INTRODUCTION

A

L'HISTOIRE GÉNÉALOGIQUE

PAR

LE VICOMTE OSCAR DE POLI

Président du Conseil Héraldique de France

La distinction la moins exposée à l'envie
est celle qui vient d'une longue suite
d'ancêtres.

FÉNELON.

PARIS

CONSEIL HÉRALDIQUE DE FRANCE

21, AVENUE CARNOT, 21

1887

AU COMTE DE COURTIN DE NEUFBOURG

Mon cher Ami,

·Après avoir écrit l'Histoire Généalogique des Courtin, je conçus la nécessité de la faire précéder d'une étude aussi succincte que possible sur les vicissitudes de l'ancienne Noblesse, sur ce qu'on peut appeler l'envers de ses priviléges et de sa gloire. Le sujet était tentant, presque nouveau, n'ayant guère été qu'effleuré, il y aura bientôt deux siècles, par le comte de Boulainvilliers.

·Comme le poëte, contentus paucis lectoribus, je ne m'attendais pas à ce que cette modeste étude méritât à son auteur des suffrages dont il s'honore. On a bien voulu me dire que, détachée de votre généalogie, elle pourrait servir à faire

justice de plus d'un des préjugés et des mensonges accumulés contre la France d'autrefois
par les pseudo-philosophes et les coryphées de
la révolution. C'était faire, à mon patriotisme, à
ma foi monarchique, un appel auquel je n'avais
pas le droit de me dérober.

Voici donc cette Introduction. Souffrez que je
vous la dédie, à vous dont les pères ont connu les
amères vicissitudes de l'état de noblesse et se sont
relevés brillamment, au soleil de Louis XIV, au
prix du sang versé pour le Roi et pour la Patrie;
à vous qui, fidèle à leurs saintes amours, à leurs
généreuses traditions, à leur chevaleresque devise, FORTIS ET FIDELIS, honorez ce qu'ils hono-
rèrent et glorifiez ce qu'ils glorifièrent.

V^to OSCAR DE POLI.

ESSAI D'INTRODUCTION

A

L'HISTOIRE GÉNÉALOGIQUE [1]

CHAPITRE I

Prophétie de saint Remi. — La fausse égalité. — Si la noblesse fut une caste. — La hiérarchie sociale. — Opinion
d'un vrai philosophe sur les distinctions héréditaires. —
La patrie et l'humanité. — Emulation féconde. — Contre
la séduction des richesses. — Juvénal et Boileau réfutés.

Lorsque l'eau sacrée du Baptême eut fait
de Clovis le vassal du Christ, il demanda : « Jusques à quand durera le royaume des Francs ? »
Saint Remi répondit : « Tant qu'y règneront la
Religion et la Justice ! » Ce n'est pas sans un
sentiment vif de patriotique tristesse que je rappelle cette parole prophétique du grand Évêque,
à l'heure où, sur la terre de France, la foi chré-

[1] Les *Preuves* et les *Planches*, aux quelles renvoient fréquemment les notes, se trouvent dans l'*Histoire Généalogique des Courtin*, Paris, 1887, in-4°.

tienne est officiellement bafouée, où la justice n'est qu'une arme hypocrite aux mains de la tyrannie, où l'abaissement de la Patrie Française apparaît comme l'inéluctable conclusion de la grande mystification révolutionnaire.

Il y aura bientôt un siècle qu'au nom de l'égalité, passant un niveau grossier et barbare sur toute grandeur et toute supériorité, la fausse démocratie a détruit l'antique hiérarchie sociale qui n'était pas la part la moins splendide du patrimoine de la Nation ; comme si la véritable égalité n'était pas celle qui permet à tout ce qui est beau, noble et généreux de se produire, de s'épanouir et de monter ! La Noblesse, en France, ne fut jamais une caste, c'est-à-dire une classe fermée ; dans tous les temps, ses rangs furent libéralement ouverts au mérite, au talent, à la vertu, à l'honneur ; elle constituait la plus magnifique récompense, à la portée même des plus humbles, et fécondait héréditairement, pour le bien de l'État, l'esprit de devoir, de dévouement et de sacrifice. Le bas orgueil des peuples démocratisés répugne aux distinctions transmissibles ; mais, dans une société hiérarchisée, elles n'humilient pas plus que le soldat n'est humilié d'avoir des chefs.

« La gloire d'une antique origine, a dit un philosophe du xviiie siècle, est injustement traitée de chimère, et quand bien même elle seroit fondée sur un préjugé national, la politique serait intéressée à le perpétuer comme une erreur utile que le philosophe ne peut combattre sans déroger au titre de citoyen. Les distinctions accordées à la noblesse héréditaire sont fondées sur des motifs d'utilité et de justice. Le premier dont une race s'honore fut un citoyen utile. Ses travaux ne se sont pas bornés à procurer le bonheur et la gloire de son siècle ; les générations suivantes en ont recueilli le fruit : c'est donc à la postérité à reconnaître dans les descendans de ses bienfaiteurs les services rendus à la patrie et à l'humanité. Ce principe d'équité, qui établit et qui justifie les prérogatives de la noblesse héréditaire, est encore un germe fécond d'émulation : quiconque a l'avantage de compter des aïeux illustres doit se croire engagé à marcher sur leurs traces. Son âme embrasée par les exemples s'élève sans effort au-dessus des obstacles et des périls. Les sentiers de la gloire, aplanis par ses ancêtres, ne lui offrent rien de pénible et de rebutant : tout homme naît imitateur et c'est dans ses aïeux qu'il aime à trouver des modèles. La prospérité d'un État est assurée lorsque les honneurs y tiennent lieu de récompenses, lorsqu'on n'y fait pas un vil trafic de son sang et de ses travaux, lorsqu'enfin les hommes en place sont assurés que leurs descendants jouiront de leur gloire. Cette idée est le plus fort rempart qu'on puisse opposer à la séduction des richesses ; une nation est toujours florissante lorsque les citoyens sont persuadés que la reconnaissance publique est le plus bel héritage qu'ils puissent laisser à leurs enfants. » [1]

« Tout l'effort de ceux qui débitent ironiquement les satires de Juvénal et de Boileau contre la Noblesse ne peut prouver que deux choses : ou qu'un homme sans sens et sans droiture est indigne de la noblesse, ou qu'un Noble véritablement généreux doit imiter ses ancestres et marcher comme eux dans les voyes de l'honneur et de la vertu ; mais ces deux vérités sont hors de contestation. » [2]

---

[1] Turpin, *Vies de Charles et de César de Choiseul, Maréchaux de France*, 1768, p. 1.

[2] Comte de Boulainvilliers, *Essais sur la Noblesse*, p. 8.

CHAPITRE II

La civilisation féodale. — Le grand artisan national. —
Balzac et Madame de Staël. — Royer-Collart et Viollet-
Leduc. — La peine de naître. — Habitués de père en fils
à se faire tuer. — L'envers des privilèges nobiliaires. —
Cent ans bannière, cent ans civière. — Cadets de noblesse.
— Labeur de restauration familiale.

Quand la civilisation féodale jeta ses premières
lueurs, les idées morales de la grandeur, en se
rattachant au nom, firent sentir le prix de la
gloire héréditaire, et la Noblesse devint réellement une institution sociale. La féodalité, main-
tenant conspuée par l'ignorance et la mauvaise
foi, fut le grand artisan de l'épanouissement national ; Balzac a dit que ses ruines « sont subli-
mes et frappent aujourd'hui d'admiration les
vainqueurs ébahis », et Mme de Staël a vu dans la
féodalité « le chef-d'œuvre de l'esprit humain ».
Royer-Collart et Viollet-Leduc en pensaient de
même, et ce sont là des autorités dont le jugement est d'un autre poids que certains préjugés

et certaines diatribes. A les en croire, il semble-
rait que les Nobles n'eussent à peu près d'autre
peine que celle de naître, et que le privilège de
la naissance leur assurât immuablement la possession de grands biens, les richesses, les jouissances, les honneurs. Ils avaient le devoir d'aller
à la guerre pour les autres, et c'était bien quelque chose que de faire de sa poitrine un rempart
au Roi et à la Patrie ; mais, comme disait un bon
paysan d'autrefois, ne se doutant pas qu'il faisait
le panégyrique du principe de la Noblesse, « ces
gens-là étaient habitués de père en fils à se faire
tuer ! » A part ce léger désagrément, le géntil-
homme, entend-on dire, ne payait pas d'impôts,
et ses hoirs recueillaient régulièrement la gloire
et le bien paternels. Il ne pouvait perdre ses
avantages que s'il dérogeait, en usurpant le fructueux privilège des non-nobles, c'est-à-dire en se
livrant au négoce.

Comme il en faut rabattre lorsque l'on étudie,
ses titres en main, les fastes d'un lignage chevaleresque ! Combien d'amères vicissitudes dans son
histoire ! Combien de déboires, de brisements,
d'écroulements souvent irrémédiables, sont le
lamentable dénouement de la plupart de ces pages
épiques ! La décadence par l'appauvrissement,
puis la déchéance, telle fut pour maintes races

illustres, traditionnellement prodigues de leur bien et de leur sang, la récompense ordinaire de l'héroïsme chevaleresque, du loyalisme royaliste, de la piété patriotique. Le bon sens populaire, — une autre ruine du passé, — avait traduit ces fatales alternatives de grandeur et de fléchissement dans un adage expressif et poignant : « Cent ans bannière, cent ans civière ! »

Encore étaient-ce les plus heureux parmi les bannerets, ceux qui, après un temps d'épreuves plus ou moins prolongé, parvenaient à reconquérir la fortune et la noblesse ; mais combien ne se relevaient pas ! Au cours de cette étude, on verra les cadets de noblesse, les « juveigneurs d'aînés »[1], et souvent les aînés mêmes, abdiquant leur onéreux privilège, se réfugier dans les villes, s'agréger à la bourgeoisie et chercher dans le trafic les moyens de redorer leur vieux blason. Deux, trois générations se consacraient à cet âpre labeur de restauration familiale, que consacraient des lettres royales de relief de dérogeance. Parfois les anciens titres s'adiraient, le souvenir même de l'extraction noble se perdait[2],

---

[1] D'Hozier, *Armor. général*, t. XI, Champagné, p. 52, charte de 1291 : «... Comme dom Gohier de Champaagné, chevalier,.... comme joveignor de éné... »

[2] Voyez ci-après, au chapitre XXVII, ce qui concerne la famille d'Allard.

et c'était par les charges d'échevinage ou par l'exercice des professions libérales que se recouvrait d'abord la noblesse personnelle, puis la noblesse héréditaire.

CHAPITRE III

Homère et Bayard. — L'honneur. — La Croix ou l'Épée. — Soldats de Dieu ou du Roi. — Esprit de sacrifice. — Honneur triomphe de tout. — Défense du sol national. — Bien vivre et bien mourir. — Pierre d'Origny. — Le comte de Saint-Pern. — Chant du départ pour la croisade. — Du Guesclin et Bayard. — La doulce France. — L'envers de la gloire.

Homère, voulant peindre d'un trait un guerrier de grande race, dit de ce preux qu'il était « sans peur et sans reproche » [1]. Trois mille ans après le poëte de l'*Iliade,* Bayard héritait cette immortelle devise, dont l'origine, on le voit, remonte aux âges héroïques. Ce fut la devise de la chevalerie de France ; après Dieu, l'honneur fut son dieu. La Croix ou l'Épée, tel était le dilemme de la vie dans les premiers temps de la féodalité ; tout homme était prêtre, moine ou

[1] *Iliade,* livre V, v. 168.

guerrier, c'est-à-dire soldat de Dieu[1] ou du Roi.
L'esprit de sacrifice germait en pleine terre, au
grand soleil de l'Honneur, et l'on ne croyait
jamais avoir assez fait pour son Dieu, pour son
Roi, pour son pays. « Honneur triomphe de
tout ! » disait une vieille devise, purement française celle-là. Tous les rouages de l'organisme
féodal tendaient au même but, à la défense du
sol national, *ad defensionem patriæ*[2], traditionnellement[3] considérée comme la loi la plus sainte
après celle de Dieu, et la Noblesse, « habituée à
se faire tuer », était le rempart vivant de la
Patrie. La volonté du sacrifice, l'ambition d'un
glorieux trépas l'animaient héréditairement ;
c'était l'enseignement des pères à leurs fils, des
vieillards aux jeunes, des Rois aux peuples. Lisez
cette épitaphe d'un chevalier du xvıᵉ siècle, Jehan
de Meaux[4] : « Le premier degré à la vertu est
de naistre de parens nobles et pleins de mérites,

[1] Charte des moines de Marmoutier, v. 1254 : «... sub
militari disciplina Deo militantes. » — *Cartul.*, t. III, p.
376.

[2] Robertson, *Introd. à l'hist. de Charles V*, p. 13 : « La
défense nationale était le principal objet du système féodal. »

[3] Dom Bouquet, t. V, p. 57, *Constit. Caroli Magni :* « Qui-
cumque beneficia habere videntur omnes in hostem
veniant. »

[4] Époux de Louise de Bonadona.

mais le plus asseuré chemyn de la vraye gloire est de bien vivre et de *bien mourir* [1]. » Lisez encore ces lignes si chrétiennes et si patriotiques par lesquelles, en 1578, Pierre d'Origny termine son *Hérault de la Noblesse Françoise* : « Faisant ainsy…, tu auras faict acquest singulier de Noblesse, non seulement pour toy mais pour ta postérité travaillant en mesme imitation généreuse, afin que d'un si grand et seul bien proposé en ce monde à ce pauvre homme terrien, le fruict en redonde à la gloire de Dieu, service du Roy et repos du pays. » Quand le Roi confère à des Français la noblesse ou quelque titre de dignité, les lettres patentes stipulent que c'est « afin que laissant à la postérité des marques de leurs mérites, leurs successeurs, incités d'une juste émulation, fassent gloire de sacrifier *leurs biens et leurs vies* pour la deffense et conservation de l'Estat. [2] » Et qu'importait la vie en regard de l'honneur ? Sous Louis XV, dans une bataille, le comte de Saint-Pern voit son régiment ébranlé par une volée de boulets : « Eh bien ! quoi, mes enfants, dit-il tranquillement, c'est du canon ! *Cela tue, et voilà tout* ! » Parole sublime, digne

---

[1] Clairambault, t. 943, p. 248.
[2] Lettres d'érection du marquisat d'Hermanville, 1651 ; *doss. bleu* 17510, Vauquelin, p. 1.

des temps épiques où les croisés, vaincus, traînés
en captivité, menacés des plus affreux supplices,
oubliaient leur effroyable misère pour jeter vers
le Ciel la sainte prière d'Ézéchias : *Domine,
salvum fac Regem !* Et quel dédain superbe de
la vie dans ce chant du départ pour la Terre-
Sainte : « Celui de nous qui mourra pourra
dire à Dieu : Si tu es mort pour moi, ne suis-je
pas mort pour toi ? » Pas un de ces rudes guer-
riers qui ne tombât, comme plus tard Du Guesclin
et Bayard, en recommandant à Dieu son âme,
son prince et sa patrie. Leur fin glorieuse avivait,
grandissait l'auréole de leur lignage, et les fils la
consignaient avec un légitime orgueil dans les
actes [1]. Ceux des croisés qui revirent « la doulce
France », couverts d'indulgences, de lauriers et
de dettes, durent la plupart aliéner leurs domaines pour payer leur gloire [2].

---

[1] Charte de 1109 : « Goffridus Rorigo, filius Goffridi Rori-
gonis qui in exercitu hierusolimitano obiit...» — *Coll.
d'Anjou*, t. IV, n° 1290.

[2] Sur la ruine générale de la Noblesse par les croisades,
voy. Boulainvilliers, *Essais*, p. 149-152.

CHAPITRE IV

Appauvrissement et dépopulation de la Noblesse. — Chevaliers pleuvent. — Magnanime mot d'ordre. — Morts au lict d'honneur. — Rallye au Roy! — Etats Généraux de 1483. — La république et la chose publique. — Vive qui vainque! — Les casaniers. — Dégradations de noblesse. — Sully et sa chevalerie d'honneur. — Louis XIV et la croix de Saint-Louis. — Ils se battaient pour nous!

Ce qui, dans l'histoire de la chevalerie de France, est plus frappant encore que son appauvrissement jusqu'à la ruine, c'est son amoindrissement numérique, sa constante dépopulation. Dans les vieux cartulaires, à partir du xi° siècle, les chevaliers abondent, « chevaliers pleuvent », comme disait la devise des sires de Chauvigny ; puis, progressivement, ils se raréfient ; les guerres saintes ont dévoré les seigneurs et les fiefs ; les survivants, à quelques-uns près, ne sont plus assez riches pour tenir le rang de chevalier ; trois cents ans de batailles contre les Anglais, puis la fureur des guerres de religion, achèvent

l'œuvre d'extermination, de spoliation, de dé-
nobilisation. A Crécy, à Poitiers, à Cocherel, dans
les champs d'Azincourt, le sang des chevaliers
coula jusqu'à l'épuisement ; telle bataille faucha
presque toute la Noblesse d'une province [1] ; mais
les traditions d'honneur et de sacrifice ne mou-
raient pas ; elles se transmettaient de génération
en génération comme un magnanime mot d'ordre ; Bayard, tué à Rebec, était fils, petit-fils,
arrière-petit-fils, neveu, petit-neveu de gentilshommes « morts au lict d'honneur ». Tant que
l'on pouvait, on servait, on sacrifiait la fortune
et la vie avec une généreuse obstination, en
disant la devise des Montesson : « Rallye au
Roy ! » Le Roi ! auguste et prestigieuse incar-
nation de la majesté, de la grandeur et de la
pérennité de la Patrie française, dont la Noblesse était, je l'ai dit, le premier et le vivant
rempart ; vérité que proclamèrent les États
généraux du Royaume, assemblés à Tours en
1483 : « L'estat de Noblesse est nécessaire à
la tuition et garde de la république, car c'est
le nerf et la force du Royaulme. » La république, en ce temps-là, c'était la chose publique ;
ce n'est plus, hélas ! la même chose. Aux États

---

[1] Par exemple, la noblesse du Perche, à la bataille de
Verneuil, en 1425.

généraux de 1589, il fut demandé « qu'on restablist la chevallerye, comme la seule institution capable de réprimer les désordres du Royaulme [1]. » C'est que non seulement les rangs de la Noblesse apparaissaient décimés, mais le désordre des choses fomentait l'indécision, le découragement, et plus d'un gentilhomme se tenait à l'écart des luttes, prêt peut-être à crier comme en Italie : « Vive qui vainque ! » Un arrêt de la cour des aides, donné à Tours en 1593, déclara roturiers les nobles qui n'allaient pas à la guerre [2], tant le nom de noblesse était synonyme de service militaire, et cette affirmation se retrouve, en 1596, dans les remontrances des trois ordres du bailliage de Loudunois, aux États généraux de Rouen : « Les cazaniers et qui auront demeuré en leurs maisons sans avoir faict service à Sa Majesté seront déclarez roturiers et dégradez de noblesse, paieront une somme de deniers à Sa Majesté pour avoir manqué à leur debvoir et [seront] doresnavant taillables [3]. » Deux ans avant la mort d'Henri IV,

---

[1] De Thou, *Hist.*, ann. 1589, liv. xciv, p. 388 et 504.

[2] Comme la loi des Visigoths, dégradant les Nobles oublieux de leur premier devoir, qui était de marcher à l'ennemi pour le roi et la patrie. (Leber, t. V, p. 415.)

[3] *Coll. d'Anjou et Touraine*, t. XI, nº 4750.

Sully pensait rendre à l'État sa splendeur et sa force par la création d'une chevalerie d'honneur [1] ; patriotique conception que devait réaliser le génie de Louis XIV ; et l'on sait quels miracles de vaillantise enfanta le noble appât de la croix de Saint-Louis [2].

Ainsi noblesse était synonyme de « service de guerre » ; le gentilhomme se devait en tout temps, à tout âge [3], à la défense du pays, et c'était, on le verra, une charge grandement en disproportion avec ses avantages honorifiques ; le culte des traditions et la passion de l'honneur pouvaient seuls la rendre supportable. « Nos nobles ! disait avec un tendre orgueil un paysan de l'héroïque Vendée. Ils se battaient pour nous ! » — Cela, c'était leur devoir et leur droit, c'était l'honneur !

[1] *Mémoires*, t. X, p. 311.

[2] — Vous êtes bien jeune, Monsieur ! répondit Louis XIV à un brave officier qui demandait la croix de Saint-Louis. — Sire, on ne vit pas vieux dans votre régiment d'Orléans !

[3] Dans les revues de l'arrière-ban comparaissent des gentilshommes octogénaires. — Voy. le chap. xviii.

CHAPITRE V

D'Hozier a laissé sous ce titre, *L'Impôt du sang*, ou *La Noblesse de France sur les champs de bataille*, un manuscrit que Mr Louis Paris a publié, en 1874, non sans avoir longuement essuyé le mauvais vouloir du gouvernement impérial ; comme si les Napoléons eussent appréhendé que leur jeune gloire ne fût éclipsée par ce colossal témoignage de l'héroïsme de la vieille France ! L'œuvre de d'Hozier a formé six volumes in-octavo, et l'on peut dire que le « sang bleu » y coule par torrents. Pourtant ce recueil est outrageusement incomplet ; ce n'est rien que la compilation du *Dictionnaire de la*

Noblesse, de La Chenaye-Desbois, et de l'*Histoire des régiments*, de M. de Roussel ; le compilateur y a pris note des blessés et des morts, et c'est tout. Il faudrait plus de vingt in-folios pour composer la simple nomenclature des gentilshommes dont le sang coula pour la défense de la civilisation chrétienne et de la patrie, depuis les croisades jusqu'à nos temps. Toutefois la compilation en question constitue un éblouissant panégyrique de la valeur, du patriotisme et de l'esprit traditionnel de la Noblesse. Ce fourmillement de héros saisit l'âme d'une orgueilleuse admiration et d'une généreuse envie ; ici, c'est le marquis de Gesvres, mourant, au siège de Thionville, de sa trente-neuvième blessure ; là, Charles de Choiseul, dont le bâton de maréchal représente vingt-deux blessures, quatre-vingts sièges ou batailles, et ses trois fils, tués à l'ennemi. Onze frères du nom de Fautrières périssent dans les guerres de Louis XIV [1]; quand l'aîné tombe, le suivant, comme au temps des croisades, part et va prendre sa place. Les treize fils aînés de Gervais Auvé et de Guillemette de Vendôme meurent à Azincourt [2]. Et voilà comme

---

[1] *L'Impôt du sang*, t. II, p. 120 ; t. III, p. 12 ; t. V, p. 156. — O. de Poli, *Royal-Vaisseaux*, p. 48.

[2] *Pièces orig.*, t. 148, Auvé, p. 31.

quoi les Nobles n'avaient d'autre peine que celle de naître ! Ils avaient bien aussi celle de mourir, et de se ruiner, ces hommes atteints de l'incurable folie de l'honneur, comme les croisés aliénant leurs terres pour aller au secours de la Terre-Sainte, comme les ducs de Berry et de Bourbon[1] vendant leurs domaines pour aller au secours du Roi, comme La Feuillade volant au secours de Candie avec trois cents gentilshommes équipés à ses frais. « Mieux on est né, disait le comte de Chabot à son jeune neveu, l'illustre Louis de Frotté, mieux on est né, plus on a d'obligations à remplir dans la société, et plus on doit de sacrifices au Roi et à l'État[2]. » Belle paraphrase du dicton populaire : Noblesse oblige ! « Mon père, dit le comte de Puisaye[3], avoit pour principe qu'un gentilhomme devoit *tout son sang à sa patrie* pendant la guerre, mais qu'une vie indépendante et employée à se rendre utile à ses concitoyens et à faire le bonheur de ses vassaux, quand sa fortune lui en donne les moyens, est celle qui lui convient à la paix. Cette opinion était alors partagée par beaucoup de seigneurs

[1] La Mure, t. II, p. 524, col. 1.
[2] L. de la Sicotière, *Un chapitre de l'hist. de Frotté*, 1884, p. 16.
[3] *Mémoires*, t. I, p. 127-128.

assez riches pour se passer de grâces et de faveurs, et trop fiers pour acheter par le sacrifice de leur indépendance une élévation factice, à laquelle ils attachaient peu de prix. » Je pourrais multiplier les citations ; aucune ne serait plus éloquente, plus probante que ce mot du comte de Puisaye : « Tout son sang à sa patrie ! » Il résume magnifiquement l'histoire et l'esprit de la Noblesse française.

CHAPITRE VI

Officiers d'emblée. — Stage militaire. — François de la
Noüe Bras-de-fer et les Ecoles militaires. — Gentils-
hommes simples soldats. — La Vernade, Beauharnais,
Praslin, Rohan, Dampierre, La Guiche, Biron. — Marc
Courtin. — Le Tiers-État, séminaire de Noblesse. — La
révolution et les privilèges. — La terre aux paysans. —
Les naufrageurs. — *In sudore sanguinis.*

Un préjugé très répandu, c'est que tout noble
était officier d'emblée ; pas plus, cependant,
que de nos jours, un Saint-Cyrien. Le stage
militaire était aussi rigoureux autrefois qu'à présent. Avant l'institution des Écoles militaires,
réclamée dès 1580 par François de la Noüe [1], les
jeunes gentilshommes l'accomplissaient aux XIVe
et XVe siècles, sous la conduite des chevaliers ou
des écuyers ; plus tard, dans les compagnies
d'archers, puis dans les régiments. Une ordonnance du 30 septembre 1668, rendue par Bou-

---

[1] Dans ses curieux *Mémoires.* — Voy. mon *Précis généal.
de la Maison de la Noüe.*

chu, intendant de Bourgogne, appelle à faire les preuves de leur noblesse les gentilshommes alors au service du Roi comme « simples soldats de cavallerye ou d'infanterye » [1]. En 1641, Jean de la Vernade est cavalier au régiment de Sirot [2]; en 1673, Mr de Beauharnois, cavalier au régiment des Fourneaux ; Mr de Praslin, cavalier au Régiment Royal ; Mrs de Rohan, de Renouard, de Cochefillet, de Dampierre, de la Guiche, cavaliers au régiment Royal-Wallon [3]; en 1693, Mr de Biron, cavalier au régiment de Girardin, et Mr de Praslin, au régiment de Florensac [4]. On trouvera, dans cette histoire généalogique, Marc Courtin, mort brigadier des armées du Roi, servant d'abord comme simple soldat [5]. On verra plus loin ce qu'il faut penser de cet autre préjugé que les nobles seuls pussent parvenir aux grades. Et quand il en eût été ainsi, les rangs de la Noblesse n'étaient-ils pas ouverts au mérite ? Encore une fois, elle ne constituait pas une caste, la caste étant exclusive, « mais une classe de familles illustres dans laquelle chacun pouvait

[1] Chartrier de Beauvoir, n° 164, orig. impr.

[2] *Montres*, t. XCV, p. 1176.

[3] *Montres*, t. CXII, p. 1694 ; t. CXIII, p. 1862 ; t. p. CXV, p. 2061.

[4] *Montres*, t. CXXIX, p. 3559, 3575.

[5] *Preuves*, n°s 1624, 1625.

aspirer à se faire admettre, ou à faire admettre ses enfants ; d'où l'adage ancien : *Le Tiers-Estat est séminaire de Noblesse* [1]. »

La révolution se glorifie de la suppression des privilèges, c'est-à-dire qu'elle a lésé toutes les classes, car chacune avait les siens : la bourgeoisie, le privilège du commerce ; les travailleurs, le privilège de rester à leurs travaux et de ne payer pas l'impôt du sang. La révolution a dit au peuple qu'elle supprimait des barrières, quand elle supprimait les échelons par lesquels les citoyens de la condition même la plus modeste pouvaient, le mérite aidant, monter jusques à la cîme sociale [2]. Elle a, tout au contraire, dressé des barrières à peu près infranchissables pour la masse du peuple, parqué désormais dans son milieu comme dans une galère ; elle lui donne à ronger l'os de la prétendue gratuité de l'enseignement primaire ; mais l'élévation croissante du niveau des études supérieures creuse entre le peuple et les privilégiés de l'instruction un fossé dont les ouvriers intelligents perçoivent seuls la largeur et la profondeur. La révolution les a même dépouillés des avantages qui découlaient de l'asso-

---

[1] Cte de la Porte, Membre Honoraire du Conseil Héraldique de France, *Hist. généal.*, p. 11.

[2] Cf. O. de Poli, *Royal-Vaisseaux*, p. 2-3, 47.

ciation corporative, et qu'elle n'a compensés par rien.

Au peuple des champs, elle a dit qu'elle lui donnait la terre ; niaise duperie qui ne leurre plus que l'ignorance. A toute époque, on le verra, le paysan fut propriétaire, et les familles anoblies sont innombrables dont la fortune eut pour point de départ la culture de leurs terres. Le censitaire, l'emphytéote, le serf même les avoient acquises originellement au prix de redevances ou de services librement stipulés, réciproquement utiles. En confisquant les biens des moines et du clergé, la révolution spoliait surtout les pauvres ; en confisquant ceux des Nobles, elle perpétrait un vol aggravé d'ingratitude. Quelques habiles, légers de scrupules, comme les naufrageurs, ont bénéficié des épaves ; mais la plus grosse part de ce bien mal acquis devait sombrer dans le gouffre de la banqueroute révolutionnaire.

Aujourd'hui, dépouillée de sa puissance, la Noblesse garde encore un mystérieux prestige, comme ces splendeurs du soleil couchant qui ressemblent à des aurores. Quand le penseur s'arrête à contempler les grandes tombes de l'histoire, couchées aux pieds du Dieu de Clovis et de saint Louis, une grave et fière leçon s'élève de la poussière des hommes : il n'y a point, sur la noble terre de France, de droits de fraîche date, et la génération vivante doit tous les siens au labeur, au courage, aux sacrifices de ses devancières. A l'exemple des Rois, la Noblesse a cimenté l'édifice national « à la sueur de son sang », comme dit une devise qui m'est chère, et quel fut son salaire? La calomnie, l'outrage, la spoliation, l'exil, les supplices. Examinons si elle avait mérité cet excès d'ingratitude et ces indignités.

CHAPITRE VII

Royaume en petit. — Stipendiaires. — Le génie du Christianisme et la chevalerie. — Tancrède. — La fraternité
vraie. — La charité devient la grande loi féodale. —
Coup d'œil sur les concessions des seigneurs aux populations rurales. — Les forêts du Roi. — Opinion de
Pecquet. — Influence de la Religion. — Esprit de réciprocité. — La féodalité, plus libérale que la révolution
et l'état moderne. — *Risum teneatis !*

Au début de la féodalité, chaque seigneur a
ses barons[1], ses pairs, généralement de son estoc,
qui composent sa cour et son conseil ; car chaque fief est un royaume en petit, avec ses gens
de justice et ses gens de guerre, *milites*, tant
nobles que non nobles[2], aux gages du seigneur[3] ;
et cet état de stipendiaire, considéré comme déro-

[1] Charte de 1025 : « Humbaldus Virsionensis dominus et
barones ejus. » — *Cartul. de Vierzon*, fol. 12.

[2] Güillᵉ, seigneur de Talmont, v. 1080 : «... milites suos
tam nobiles quam ignobiles. » — Dom Fonteneau, t. XIV,
p. 245.

[3] Charte de 1053 : « Ego Ebroinus miles stipendiarius. »
— *Coll. d'Anjou*, t. II, n° 541.

geant, jette sur les *milites* un vernis de défaveur et même comme une sorte de déshonneur[1]. Le génie du Christianisme s'empare de ces hommes farouches, barbares, prompts à toutes les audaces de la force brutale, les assouplit au respect des lois divines, les convertit à la religion du devoir, les transforme en chevaliers de Jésus-Christ, et la qualification de *miles*, naguère entourée de crainte et de sourd mépris, devient le titre d'honneur le plus éclatant, le plus envié, le plus haut[2], à ce point que Tancrède le plaçait au-dessus même du titre de Roi[3]. Le père consigne avec orgueil dans les chartes que son fils, tout jeune encore, est déjà revêtu de l'ordre de chevalerie[4]. Sous l'influence féconde de l'Eglise, la charité devient la grande loi féodale ; l'amour des pauvres, des humbles, des faibles, la fraternité chrétienne, la fraternité vraie, celle-là, inspirent et multiplient les fondations généreuses, les donations aux mo-

---

[1] Charte de 1045 : « Ego Almoricus vir nobilis, tamen miles. — Dom Grenier, t. LXVIII, fol. 260, nᵒ 7.

[2] Cf. Léon Gautier, *La Chevalerie*.

[3] Michaud, t. I, p. 455-456.

[4] Charte de Raoul, comte de Soissons, 1183 : « Aalis uxor mea et Guido, filius ejus, jam miles factus. » (*Senlis*, t. I, fol. 24.) — Charte de Bouchard, seigneur de l'Isle, 1184 : « ... filiis meis Bucardo, jam milite, et Barthᵒ puero. » (*Marmoutier*, t. II, p. 276.)

nastères, ministres nés de l'aumône privée et de l'assistance discrète, les hospices et les *maladeries* pour les vassaux et les pauvres voyageurs, les concessions de droits d'usage dans les bois seigneuriaux, si précieuses pour les populations rurales ; et, sur ce dernier point, j'invoquerai le témoignage d'un ancien chef de l'administration forestière, homme éminent que la mort a brusquement enlevé à ses consciencieux et remarquables travaux ; la citation sera longue, mais probative.

« Si on considère qu'une portion souvent importante, quand ce n'était pas la *totalité des produits forestiers*, *était absorbée par ces usages*, il serait injuste de méconnaître que la concession de la plupart de ces droits a été, de la part des seigneurs, un *sacrifice tout aussi grand que la constitution des forêts communales cédées en toute propriété*. Il serait injuste, soit de déprécier outre mesure la valeur des donations faites par les seigneurs, soit de rabaisser la libéralité de ces hauts et puissants personnages qui, héritiers des conquérants et par conséquent possesseurs par le droit de conquête, auraient pu très probablement se refuser envers des communautés d'habitants sans puissance, *à des concessions que leurs successeurs ont été jusqu'à détruire*. Par exemple, dans une forêt de 5,000 hectares, ancienne propriété des comtes d'Alençon, les droits réglementés au profit de deux abbayes, d'un prieuré, d'une réunion de prêtres séculiers, de six particuliers, de vingt paroisses environnant la forêt, consistaient en 150 cordes de bois de feu équivalentes à six cents stères actuels, en bois à bâtir pour une des abbayes et pour la réunion des prêtres séculiers, en droits au mort-bois et au bois mort, au bois cassé, brisé et tombé, en droits de pâturage et de panage pour au moins 1,900 brebis, 1,000 chevaux, 3,000 porcs, 1,000 bêtes à cornes, en totalité plus de 6,900 têtes d'animaux. Or, si, indépendamment de ce qui précède, on remarque avec le célèbre commentateur Pecquet, grand maître des eaux et forêts de Normandie en 1753, qu'avant l'ordonnance de 1669, « *presque toutes les forêts du Roi étaient inondées de droits de pâturage gratuits, qu'il n'y avait personne, un peu voisin des forêts, qui n'y fût usager*, qu'en parlant du droit de pâturage il dit aussi : *C'est une grâce des Rois, une aisance qu'ils ont bien voulu accorder à leurs sujets*, » on comprend quelle était autrefois l'importance des forêts pour l'approvisionnement des populations d'alentour et pour la nourriture de leurs animaux domestiques...

«... Ceux-là mêmes qui avaient pu abuser de la puissance que l'institution féodale avait mise entre leurs mains, ont pu aussi céder à *l'influence de la civilisation religieuse, obéir aux sentiments généreux que l'ardente foi de cette époque et la charité leur inspiraient* envers les peuples dont ils étaient les maîtres plus cléments que leurs prédécesseurs. Si même on considère que les importantes concessions dont je parle ont coïncidé avec les croisades, avec l'honneur chevaleresque, avec l'apparition de grandes individualités laïques et religieuses, avec de nombreuses fondations de charité et avec l'élévation des grandes basiliques chrétiennes ; si on considère enfin que c'est au moyen âge que la religion chrétienne et la charité ont eu le plus grand développement et ont exercé le plus d'influence, *il ne faut pas s'étonner qu'un même esprit, qu'un même courant d'idées ait inspiré ces mouvements généreux* d'une époque qui, malgré ce qu'avait d'oppressif une autorité si morcelée et sans contrôle, se distinguait, au moins, par l'indépendance et les autres vertus viriles de ces fiers seigneurs.

« Dans l'appréciation d'une époque, il importe de tenir compte de toutes les circonstances, et il ne faut pas perdre de vue que beaucoup d'historiens n'ont toujours parlé que des méfaits du régime féodal *sans jamais vouloir chercher ce qu'il avait pu faire de bien* ; qu'ils ont fait ressortir tous les abus de l'autorité féodale, mai *qu'ils ont passé sous silence l'esprit de communauté ou de réciprocité de certains intérêts* qui, aux moments les moins mauvais de l'époque féodale, *s'était établi entre beaucoup de seigneurs et les peuples de leurs fiefs, ainsi que le démontrent les concessions forestières faites à tant de réunions d'habitants.* Je dois ajouter que ce n'est pas seulement des seigneurs féodaux, mais aussi de nombreuses abbayes ou autres communautés religieuses propriétaires de forêts, que les réunions d'habitants, constituées plus tard en communes proprement dites, ont obtenu au moyen âge de si nombreuses concessions, car il était naturel que les peuples trouvassent ces sortes d'avantages autant auprès de ceux qui prêchaient la charité qu'auprès des seigneurs auxquels elle était prêchée ; *et on sait d'ailleurs qu'indépendamment de ces jouissances forestières, les anciens monastères employaient leurs revenus à secourir l'infortune et la misère. Il est même permis de se demander quel avantage ont trouvé les malheureux à la destruction de ces établissements de charité.*

«... Quiconque étudiera les titres de concessions forestières au moyen âge, pour en découvrir les véritables mobiles, y reconnaîtra sans peine que *les donateurs n'ont le plus souvent obéi qu'à des sentiments de religion et de charité,* et n'y trouvera pas la moindre trace d'une soumission forcée aux exigences des populations. Je sais que plusieurs attribuent à d'autres causes les concessions forestières. Ces concessions de l'époque féodale ayant été souvent accordées à de simples bourgades, ne jouissant encore d'aucune institution communale, elles sont considérées par certains comme la conséquence naturelle de l'obligation personnelle du contrat qui, lorsque le régime féodal régnait dans toute la plénitude de son principe, liait le seigneur à ses vassaux, ou comme une juste rémunération par le suzerain des prestations et des redevances des vassaux. Quoique dans ce système on ne tienne pas compte des causes morales, religieuses et civilisatrices dont j'ai parlé, il n'est pas moins vrai qu'un système par suite duquel les seigneurs accordaient au peuple de pareilles concessions, en échange même de prestations, de redevances ou d'impôts, *était plus libéral envers les peuples qu'on n'a bien voulu le dire, plus libéral surtout, au point de vue forestier, que certains régimes modernes sous lesquels, en rémunération même des impôts plus ou moins équivalents aux prestations du régime féodal, les lois actuelles n'accordent pas aux peuples la moindre jouissance forestière.* L'antique libéralité envers ces peuples a progressivement

3

diminué avec l'esprit chrétien et avec la charité qui en était la conséquence nécessaire.

« Enfin, d'autres disent que les seigneurs des dixième, onzième et douzième siècles ont été obligés de céder aux réclamations des habitants des campagnes en leur accordant les concessions forestières. Mais, si c'est à cette cause qu'on doit attribuer ces concessions, *il faut avouer qu'au moyen âge les communautés d'habitants luttaient avec avantage contre la puissance des seigneurs féodaux*, puisque d'une part les cités, les agglomérations urbaines conquéraient des institutions municipales dont certaines étaient presque républicaines ; que, d'une autre part, *les bourgades les plus modestes obtenaient*, toutes dépourvues qu'elles étaient de moyens de pression violente sur les seigneurs, *la consécration des jouissances forestières* qu'elles considéraient presque comme des droits, quoique les seigneurs fussent propriétaires des forêts par un ancien droit de conquête. On ne peut disconvenir que les seigneurs n'avaient plus envers le peuple, à l'époque des concessions, toute la puissance oppressive qu'on leur a attribuée. *Ces concessions démontrent même que les désirs ou les réclamations des communes étaient d'un tout autre poids sur l'esprit des chefs de chaque famille féodale, que le seraient les réclamations de ces mêmes communes sur l'Etat abstrait et centralisé d'aujourd'hui.*

« ... Mais, quelle qu'en ait été au juste la cause, les concessions forestières démontrent d'une manière évidente que, malgré les vices du régime féodal, malgré ce que d'extrêmes inégalités entre les classes composant la nation française et ce que les privilèges dont jouissait la Noblesse ont d'antipathique à l'esprit social et aux idées démocratiques d'aujourd'hui, *les peuples avaient plus d'indépendance, plus de moyens de faire respecter leurs droits qu'on n'a cherché à le faire croire.* Il est certain aussi qu'aux époques postérieures de notre histoire, *de pareils avantages ne furent plus accordés.* L'Etat, propriétaire actuel de ces forêts, jouit de leurs revenus à l'exclusion de toute espèce de tolérance. La loi forestière, non seulement supprime jusqu'à l'usage du bois mort, non seulement s'oppose à toute espèce de concession de droits d'usage, à l'avenir, dans les forêts de l'Etat, mais elle ne tend à rien moins qu'à l'abolition complète des droits de pâturage et des droits de chauffage qui ont été maintenus par l'ordonnance de 1669, ainsi que des bois de construction. *Aux anciennes libéralités des seigneurs a succédé un régime de moins en moins libéral.*

« Les anciens droits d'usage forestiers, les nombreuses tolérances rurales, telles que la vaine pâture dont témoignent les vieilles coutumes, démontrent que, si ce n'est la chasse dont les nobles s'étaient réservé le privilège, *la propriété royale, comme celle des seigneurs et celle des particuliers, était autrement accessible à ceux qui ne possédaient rien, que l'est en ce moment la propriété sous la garde de nos lois*[1]. »

Et voilà comment la révolution a donné la terre aux paysans : en les dépossédant de jouissances et de droits libéralement concédés par les seigneurs! *Risum teneatis !*

[1] *La propriété forestière*, par un ancien Conservateur des forêts, *passim*.

CHAPITRE VIII

Chrétiennes libéralités. — Grands repentirs. — Sobriquets vengeurs. — Surnoms élogieux. — Sous la bure des cloîtres. — Inhumés en habit religieux. — Chevalier moine. — Hugues Courtin. — Paupérisme. — *Ubi Ecclesia, ibi miles.* — Les Cartulaires monastiques. — Ce que le peuple doit aux Moines. — Écoles vraiment gratuites. — Marmoutier et Cluny.

Le sentiment de la foi chrétienne dictait ces nobles libéralités, toujours faites pour le repos de l'âme du donateur, de ses parents, de ses amis [1]. C'est ainsi qu'en 1230 Dreux de Mello, seigneur de Loches et de Mayenne, affranchit à perpétuité de toute espèce d'impôts ses vassaux de Saint-Mars-sur-la-Futaie [2], et qu'en 1264 le seigneur de Bagneux exempta les siens de presque toutes

---

[1] Charte de 1260 : «... pro salute anime mee et amicorum meorum. » (*St Cyr-de-Friardel*, fol. 15 v°.) — Contrat de partage du 18 mars 1501 : « Si le dict pré vault par an plus grant somme, led. Françoys Courtin, ses hers et aians cause, seront tenuz l'employer en bienfaiz pour les ames de leurs amys trespassez. » (*Preuves*, n° 264.)

[2] *Fontaine-Daniel*, fol. 51 v°.

charges[1]. Ce n'est pas à dire que tous les Nobles
fûssent aussi larges, ni qu'ils fûssent tous parfaits ;
pour être seigneurs, ils n'en étaient pas moins
hommes, avec toutes les faiblesses de l'humanité ; mais, ce qu'oublient de relater les détracteurs systématiqnes du passé, les plus endurcis et
les plus puissants, avant de paraître devant Celui
qui juge les justices, avaient à cœur de réparer
les torts ou le mal qu'ils avaient faits[2]. C'était
sous l'influence vénérée de la Religion que ger-
maient dans les âmes ces grands et admirables
repentirs qui ne sont pas le moindre honneur des
temps féodaux ; et parfois, pour marquer sa con-
trition du sceau de l'humilité, le seigneur prenait
non ses pairs, mais ses serfs à témoins de ses
restitutions[3]. Pour un seigneur dur à ses vassaux
et flétri d'un sobriquet vengeur, comme Guillaume
Talvas[4], combien, comme les Lusignan, furent

[1] « Pro anima patris nostri. » — *Cartul. du dioc. de Paris*,
p. 148.

[2] Par exemple : Gui, comte de Ponthieu (Louandre, p.
68) ; le comte de Roussillon (B. Alart, *Not. hist. sur les communes du Rouss.*, p. 71) ; Louis, duc d'Anjou, comte du
Maine. (L'abbé R. Charles, *Souvigné*, p. 142.) — Cf. Laurentie, t. II, p. 293.

[3] Charte de restitution faite à Saint-Marcel de Châlon par
Et. de Neublans, ch[er], v. 1170 : « Signum Hugonis servi
manentis. » — *Cartul.*, p. 152.

[4] « Qui pro duritia jure Talvatius vocabatur. » Orderic
Vital. — *Talvas*, taille-vassal.

surnommés « le bon » par la reconnaissance de leurs sujets ! « Les peuples, dit un ancien héraldiste, préfèrent un seigneur noble à un non-noble. Bienheureuse est la terre, dit l'Ecclésiaste, dont le Roi est noble[1] ! »

Maints chevaliers, après avoir valeureusement servi leur Prince, allaient terminer leurs jours sous la bure des monastères, pour ne plus servir que leur Dieu[2]. C'était l'heure des expiations magnanimes. Des rois et des empereurs voulurent cette fin pieuse[3], et les cartulaires monastiques sont pleins de ces généreux renoncements. Les preux qui n'avaient pu accomplir dans le cloître cette suprême retraite préparatoire, voulaient au moins mourir sous l'habit religieux, « suivant un usage très suivi au moyen âge par la piété des latins comme des grecs[4]. » Baudouin II, roi de Jérusalem, mourut sous l'habit des chanoines du Saint-Sépulcre[5] ; l'empereur Jean

---

[1] G.-A. de la Roque, *Traité de la nobl.*, p. 234.

[2] Charte de 1229 : « Robertus de Renge, miles, seculari relicta milicia, solo Deo militare desiderans... » — *Cartul. de l'abb. de Bonneval*, p. 82.

[3] Cf. Michaud, t. V, p. 274. — Huart, *Jacq. de Bourbon, comte de la Marche, roi de Hongrie, de Sicile et de Jérusalem, frère mineur à Besançon.* Besançon, 1882, in-8°.

[4] L. de Mas-Latrie, *L'Ile de Chypre*, p. 352-353, nos 27, 28.

[5] A. Couret, *L'Ordre du Saint-Sépulcre;* dans la revue *La Terre-Sainte,* 1er avril 1885.

de Brienne, sous celui des fils de saint François[1].
Dans les nécrologes du XIIIe siècle, des person-
nages sont qualifiés « chevaliers et moines. »[2]
Dante voulut être inhumé en habit religieux[3].

Les nobles dames pratiquaient également cette
dévotion ; telles, Marguerite Escaface, en 1331,
et Marguerite Mesnagier, en 1340[4]. Au même
temps, Pierre de Bailleul et Mathilde d'Estouteville, sa femme, « furent inhumez estans revestus
de l'habit de sainct Françoys ; c'estoit une dévotion assez ordinaire en ce temps-là, de se faire
inhumer avec l'habit de sainct Françoys, comme
fist Marguerite d'Yvetot, dame de Goderville, qui
gist sous une tombe auprès de la sacristie[5]. »
Comme fit aussi Hugues, dit Huet Courtin, seigneur de Soulgé, en 1330[6].

Le clergé par l'aumône, la féodalité par son
fractionnement, prévinrent cette plaie sociale qui,
grâce au désordre révolutionnaire, devient gan-
greneuse sous le nom barbare de paupérisme.

[1] Michaud, t. III, p. 63, 536. — Marchangy, *Gaule poét.*,
t. IV, p. 354.

[2] *Coll. de Picardie*, t. CLXIV, *Nécrol. de Saint Luc. de
Beauvais* : « III id. jan. Joannes miles et monachus. »

[3] Cantu, *Hist. des Ital.*, t. V, p. 385.

[4] L. de Mas-Latrie, *ut suprà*.

[5] Farin, t. III, p. 332.

[6] Voy. la planche IV.

L'Eglise, en façonnant à son esprit les maîtres
des peuples, travaillait autant pour le bien des
âmes que pour le bien-être des hommes. *Ubi
Ecclesia, ibi miles*, disait un adage des temps
chevaleresques. L'Eglise, en effet, était le chevalier des petits en face des grands, et les moines
rivalisaient de dévouement avec le clergé séculier
sur le terrain de la bienfaisance et du bien public.
Il semble aux esprits superficiels que la Noblesse
doive seule l'hommage de la gratitude à ces Religieux dont les cartulaires nous retracent clairement ses mœurs, ses chevaleresques ardeurs, ses
vaillantises, ses actes de foi, ses œuvres de charité, ses grandes fautes chrétiennement rache-
tées par de grands repentirs, et constituent de
précieux témoins généalogiques, en même temps
que de lumineux jalons pour l'histoire de la civilisation française. C'est le peuple surtout qui
doit aux moines un hommage filial de gratitude.
Combien de « lieux incultes, sans chemins, re-
paires de bêtes fauves » [1], défrichés de leurs
mains, fécondés de leurs sueurs, devenant des
sources de richesse agricole ! Et quels généreux
emplois de leurs biens [2] ! Les malades, les pau-

[1] *Cartul. de Saint Vincent du Mans*, B. N., p. 106.
[2] Cf. l'abbé Deniau, t. II, p. 194.

vres, les infirmes, les déshérités n'étaient pas
leurs seuls favoris ; à côté du cloître, il y avait
toujours une école, vraiment gratuite, celle-là,
riche des dons des générations et ne coûtant
rien aux contribuables. Les moines de Marmoutier *donnaient* l'instruction partout où ils avaient
des possessions [1] ; tous les ordres religieux, et
nombre de seigneurs à leur exemple, faisaient
de même, « et le plus grand prince n'était pas
élevé avec plus de soins dans le palais des Rois
que ne l'était à Cluny le plus petit des enfants [2]. »

[1] *Coll. d'Anjou*, t. XII, n° 6583.
[2] Udalricus, *Antiq. consuetud. Clun. mon.*, l. II, cap. 8.

CHAPITRE IX

L'Eglise et la Nation. — Devise de Césène. — Sous la houlette. — Liberté céleste et liberté terrestre. — Serfs volontaires. — Niaiserie républicaine. — Les roturiers et le droit de propriété. — Pillages et gaspillages révolutionnaires. — Les abbayes et l'aumône journalière. — Spoliations ingrates. — Patriotisme du clergé de France.

Fidèle dans tous les temps à sa grande mission nationale et sociale, l'Eglise apparaissait aux peuples comme une auguste bienfaitrice, comme une mère ; volontiers ils eussent pris, comme Césène, pour devise : *Ecclesiastica libertas*[1] *!* Ils disaient proverbialement qu' « il fait bon vivre sous la houlette », et quand l'autorité royale, punissant un mauvais seigneur, les dégageait de l'obéissance féodale, ces hommes libres couraient se placer avec leurs terres dans la vassalité du monastère voisin, comme sous une égide plus sûre et plus digne que la liberté même[2].

[1] Bibl. nat., ms. ital. n° 361.
[2] *Cartul. de l'abb. de Montier-en-Der*, t. I, fol. 86 v°.

On né feuillette pas un cartulaire sans rencontrer en abondance les marques de l'amour de l'Eglise pour les humbles, et de la reconnaissance de ceux-ci [1]. Il y a dans le cartulaire de Marmoutier une admirable charte dans laquelle les moines promettent « la liberté céleste » à ceux qui donneront à leurs serfs « la liberté terrestre » [2] ; et, dans cette voie généreuse, l'Eglise prêchait aussi d'exemple [3]; mais, à la suite d'une charte d'affranchissement, il n'est pas rare d'en trouver une par laquelle un homme libre se déclare serf de telle abbaye et lui fait don de sa personne et de ses biens [4]. Les indigents étaient les véritables bénéficiaires de ces pieuses libéralités, dont les plus hauts seigneurs ne s'exemptèrent pas ; en 1118, à Lamballe, en présence des barons et des bourgeois, le vicomte Geoffroy se fit serf de Marmoutier [5]. Toutes les classes manifestaient à l'envi leur filiale dévotion, et les chartes qui la constatent servent à montrer ce qu'il faut penser de cette niaiserie républicaine : que le droit de propriété, pour les roturiers, date

[1] Voy. notamment le *Cartul. de l'abb. de Vendôme*, p. 24.

[2] Salmon, p. 14.

[3] *Coll. de Poitou*, t. X, p. 203, 343, 359, etc.

[4] Voy. sur ce sujet la *Revue hist. et archéol. du Maine*, 1878, p. 30.

[5] *Cartul.*, t. III, p. 214.

de la révolution. En 1364, c'est Macé Jardin, mercier de Beaulieu, qui donne ses héritages à l'abbaye de Baugerais[1]; vers 1170, un paysan, Robert, qui donne à Saint-Georges de Hesdin deux champs qu'il avait hérités de son père[2]; en 1140, un cuisinier propriétaire de vignes, dont une *jure paterno*[3]; vers 1115, un homme du peuple, Gosbert, qui donne un champ à N.-D. de Josaphat[4]; vers 1100, un sellier de Chartres, qui donne sa maison aux moines de Saint-Père[5]; au XIe siècle, un paysan qui donne sa vigne à Saint-Etienne de Dijon[6]; vers 1040, « un pauvre homme » qui donne son moulin à Saint-Vincent-du-Mans[7]. Nous voilà loin de la révolution ! Quand elle dépouilla les moines pour gaspiller misérablement leurs biens, les départements durent s'imposer pour fournir à l'aumône journa-

[1] *Tiltres de Baugerais*, fol. 119.

[2] *Cartul. de St-G. de H.*, p. 138 : « Quidam rusticus, Robertus nomine, campos duos... concessit. »

[3] *Cartul. de St-Vinc. du Mans*, B. N., p. 32.

[4] *Cartul.*, p. 45 : « Gosbertus quidam plebeius homo et uxor ejus... agrum quendam... in elemosinam contribuerunt. »

[5] Guérard, *Cartul. de St P. de Ch.*, n° 103 : « Quidam plebeius homo, arte sellarius. »

[6] *Cartul. de St Etienne*, n₀ 96.

[7] *Cartul.*, B. N., p. 251 : « Quidam pauper homo nomine Hagelet. »

lière fondée par les abbayes[1]. Quand elle dépouilla les églises, il n'y avait pas six ans que
l'assemblée générale du Clergé de France, fidèle
à ses séculaires traditions, avait voté la somme
d'un million « pour être employée au soulagement des matelots blessés et des veuves et orphe-
lins de ceux qui ont péri pendant la guerre. »
De quel côté, je le demande, étaient la raison
patriotique, l'amour de la France et du peuple ?

---

[1] Robert, *Réplique à M⁰ Dupuy, avocat à Rouen*, p. 10.

CHAPITRE X

Le servage, l'Église et la féodalité. — Louis X et les serfs.
Feudophobes. — Sujétions infamantes. — Le fief, base
de l'État. — Affranchissements. — Serfs maires, comtes
et hauts justiciers. — Serf ayant des esclaves. — Riches
laboureurs. — Vieilles familles patriarcales. — Le Sire
de Coucy, otage pour un paysan. — Taillables à merci.

Les détracteurs du régime féodal inclinent à
lui imputer la paternité du servage, triste rejeton
de la barbarie payenne, quand, au contraire,
c'est à partir de l'organisation de la féodalité que,
sous l'impulsion de la civilisation chrétienne, le
servage tend à disparaître. Assurément c'était un
état contraire à la dignité de l'homme, mais
était-il vraiment ce que nous le voyons, à travers
les buées du sophisme, avec les yeux de notre
temps ? On a peine à le croire, lorsqu'on voit les
serfs refuser la liberté que Louis X leur voulait
octroyer [1]. On s'apitoie exclusivement, dans les

---

[1] Michaud, t. VI, p. 302, 318-320.

sphères où sévit la *feudophobie*, sur ces infortunés ruraux rivés à la glèbe, ne possédant rien en propre, ne pouvant se marier sans l'aveu du seigneur, transmis à titre d'héritage « comme un vil bétail » ; encore passè-je sous silence les sujétions infamantes, inventées par les *feudophobes* et dont, après Louis Veuillot, le savant comte Amédée de Foras, l'un des Présidents d'honneur du Conseil Héraldique de France, vient de faire magistralement justice [1]. Il n'est plus permis d'ignorer que l'organisation féodale comportait, à tous les degrés de l'échelle sociale, des servitudes convergeant toutes à la défense de la patrie. Le fief était la base de l'Etat : comment le seigneur eut-il acquitté les services qu'il devait au Roi, si ses vassaux avaient eu le droit de déserter son fief sans indemnité, sans compensation ? Les plus nobles ne pouvaient se marier sans l'agrément de leur suzerain, et c'était encore la raison d'Etat, une raison d'ordre qui dictait cette précaution, toujours en vigueur dans les familles régnantes : il fallait que la sûreté du petit état féodal ne pût pas être compromise par quelque alliance intempestive ou dangereuse. En 999, nous voyons des hommes libres, des

---

[1] *Le Droit du Seigneur.*

« Francs » transmis, comme des serfs, avec leurs héritages [1] : pour ceux-ci comme pour ceux-là, la transmission doit s'entendre seulement des services dûs par leurs héritages. Quant à la question de propriété, je l'ai déjà touchée ; c'est une simple absurdité que de prétendre que le serf ne pouvait posséder en propre. Les chartes abondent par lesquelles des serfs achètent leur affranchissement ; avec quoi, s'ils n'eussent rien possédé ? En voici un qui, en 1097, est propriétaire et maire [2] ; un autre qui a lui-même un esclave et lui octroie la liberté [3] ; il y en eut qui devinrent comtes, c'est-à-dire gouverneurs militaires et civils, délégués de la puissance souveraine [4]. J'en vois un qui, vers 1099, ayant cessé d'être de condition servile, possède un fief dont il a la haute justice [5]. En 1273, Guillaume Poulain, tourneur, inféode une partie de son bien à un autre tourneur, moyennant un cens annuel et perpétuel, et revêt de son sceau la charte d'inféodation [6]. Il avait également son

[1] Bruel, t. III, n° 2489.
[2] Mabille, p. 143.
[3] Leber, t. V, p. 343 : «... à mon esclave N... que j'ai acheté de N... »
[4] Leber, t. V, p. 355.
[5] *Cartul. de Cluny*, t. I, fol. 57 v°.
[6] *Chartes d'Evreux :* « Ego G⁸ dictus Pulanus, tornator...

sceau, ce paysan normand qui, en 1256, con-
tracte avec l'abbaye de Savigny [1]. L'inventaire
de ce que possédait, en 1382, un « pauvre
laboureur », relate « troys chevaulx, une vache,
deux veaulx de let, une charrue et ses rouelles,
deux colliers, » etc [2]. Mais ce « pauvre » serait
presque riche aujourd'hui ! Plus près de nous,
en 1601, « Claude Saulnier, laboureur de la parroisse de Roanne », vend à Antoine Courtin
« ses terres et domaines [3] », qui constitueraient
de nos jours une fortune considérable.. Le
24 mars 1626, « en la présence de leurs preu-
dhommes », les enfants de « Jean Farges, laboureur de la parroisse de Riorges », partagent la
succession paternelle, et il faut vingt-quatre pages
in-quarto pour détailler les prés, terres, bois, etc.,
qui la composent [4]. Si l'on creuse jusqu'au fond
de l'ancienne société française, on rencontre un
peu partout de vieilles familles patriarcales de
cultivateurs, se transmettant de génération en
génération, à travers les siècles, des propriétés

concessi in feodo et hereditate G° dicto Asbues, torna-
tori... presentem feodationem sigilli mei munimine robo-
ravi. »

[1] *Cartul. de Sav.*, p. 88.
[2] *Quittances*, t. XXVIII, p. 398.
[3] Chartrier de Beauvoir, n° 4, orig. parch.
[4] Chartrier de Beauvoir, n° 143, orig. parch.

de concession féodale et, comme la part la plus belle de leur héritage, l'esprit de foi, de devoir, de probité, de respect de soi-même et d'autrui [1]. Tout cela dément radicalement le mensonge révolutionnaire. Et que penser de l'oppression féodale, lorsque nous voyons de hauts et puissants seigneurs comme le sire de Coucy se faire plèges et otages pour un paysan [2]? D'ailleurs, ce qui démontre irréfutablement que la classe non noble ne fut pas, comme aujourd'hui le contribuable, taillable à merci, dans le sens sophistiqué qu'entendent les feudophobes, autrement dit ruinable à merci, et qu'elle avait de sûrs et durables profits, c'est qu'à toutes les époques de notre histoire on voit des marchands, des artisans, des laboureurs acquérir des biens fonciers, tandis que s'émiettent les domaines de la classe noble, incessamment appauvrie, fatalement poussée à la ruine par les dispendieuses obligations de son état.

[1] Voy. *La famille de la Noë*, par le comte de Quatrebarbes, — et le *Patriote de Normandie*, 16 juill. 1885.

[2] Charte de 1173, dans les *Chartes de Pic. et d'Artois*, B. N. ms. latin nouv. acq. 2096, n° 3.

CHAPITRE XI

Nos Rois. — Odon de Deuil et Louis VII. -- Né pour le
salut de tous. — Le servage. — Louis IX et le Comte de
Poitiers. — Belle définition de la puissance féodale. —
Machiavel et Mézeray. — Hâbleries et viande creuse. —
Guitares révolutionnaires. — Le grand œuvre de la
Royauté. — Villes anoblies. — Une nation de gentils-
hommes. — Les pauvres assimilés aux Nobles. — Dieu,
qui est droiturier !

On peut appliquer à presque tous nos Rois
l'expression dont se sert, pour peindre son héros,
le vieil auteur du poëme d'*Alexandre le grand* :
« Il fut roi ! » Le chroniqueur Odon de Deuil dit
de Louis VII : « Il savait qu'un roi n'est pas né
pour lui seul, mais pour le salut de tous[1].» L'esprit chrétien, dont la Monarchie française était
imprégnée jusqu'aux moëlles, devait suffire pour
amener l'adoucissement, puis l'abolition du servage. Premier vassal de Jésus-Christ, le roi de
France, « né pour le salut de tous », couvrait

[1] Michaud, t. VI, p. 423.

d'une sollicitude paternelle les faibles et les
humbles. Avant que Loùis X eût la pensée d'appeler les serfs à l'honneur de la liberté, Louis IX
avait dit : « Les serfs appartiennent à Jésus-
Christ comme Nous, et dans un royaume chrétien nous ne devons pas oublier qu'ils sónt *nos
frères.* » Et le frère du saint roi, le comte de
Poitiers, ardent à détruire la servitude : « Les
hommes naissent libres, et toujours il est sage
de faire retourner les choses à leur origine[1]. »
Quelle simple et claire définition de la puissance
féodale dans cette parole du comte de Foix, en
1386 : « Mon peuple, j'ai juré à le garder et tenir
en droit et justice, ainsy que tous seigneurs ter-
riens doibvent tenir leur peuple, car pour ce ont-
ils et tiennent les seigneuryes[2]. » Ainsi pensaient
nos Rois, et l'on en vit se lier volontairement les
mains « pour, disaient-ils, ne plus pouvoir faire
que le bien[3]. »

« Parmi les royaumes bien ordonnés et bien
gouvernés, dit Machiavel, est celui de France,
car les rois y sont soumis à une infinité de lois
qui assurent la liberté du peuple[4]. » Quoi ! la

---

[1] Michaud, t. IV, p. 446 ; t. V, p. 63.
[2] Froissart, t. II, p. 564.
[3] Cf. O. de Poli, *La Royauté*, p. 12.
[4] *Le Prince*, ch. xix ; *Discours*, liv. I, ch. xvi ; liv. III, ch. i.

liberté serait plus ancienne en France que la fameuse révolution ? Pour ceux qui ne se paient pas de hâbleries et de viande creuse, c'est la servitude qui y est nouvelle. Le parlement de Toulouse, au xv° siècle, déclara que tout homme qui entrait dans le royaume en criant *France!* devenait libre ; et, rapportant cet arrêt, l'historien Mézeray ajoute : « Tel est le royaulme de France que son air communicque la liberté à ceulx qui le respirent, et nos Roys sont si augustes qu'ils ne règnent que sur des hommes libres [1]. »

Nous voyons ce que la révolution a fait des concessions forestières, des droits corporatifs, des franchises municipales et de la liberté de conscience ; sa fraternité n'est qu'une curée ; les fameux abus dont elle a mené si grand bruit sont remplacés par la tyrannie des basses influences ; et quant à son égalité, autre « guitare », elle se résout en l'inégalité devant le juge et la mise hors la loi de la moitié de la nation. Qu'on nous ramène aux carrières de la Monarchie, aux grands siècles où tel de ses apologistes, réfutant un de ses détracteurs d'outre-Rhin, pouvait répondre avec un patriotique orgueil : « La constitution du royaume de France

_____
[1] Cité par Michaud, t. VI, p. 303.

est si excellente qu'elle n'a *jamais* exclu et n'exclura jamais les citoyens, nés dans le plus bas étage, des dignités les plus relevées [1]. » C'était le grand œuvre de la Royauté que le discernement des mérites et la juste récompense des services rendus à la Patrie ; il faudrait une longue vie de labeur pour nombrer les familles sorties de la foule par la porte de l'honneur, et portées au pinacle par la Royauté justicière. Des villes même furent mises par elle à l'ordre du jour de la Nation, au rang de Noblesse, avec exemption perpétuelle d'impôts, comme Abbeville par Charles V [2], Dianières en Forez par Charles VII, Saint-Jean-de-Losne par Louis XIII ; splendide rémunération de la loyauté, du courage, du dévouement au pays ; glorieux et fructueux privilèges dont la révolution a fait table rase et du maintien desquelles ne se plaindraient sans doute pas, surtout en république, les populations intéressées. La Royauté voulait faire de la France une nation de gentilshommes, égaliser sur les sommets, au contraire de la révolution qui veut créer une aristocratie à rebours, égaliser dans les bas-fonds.

[1] Matharel, *Rép. au livre d'Hotman intitulé* Franco-Gallia ; Leber, t. V, p. 354.
[2] O. de Poli, *Un martyr de la patrie*, p. 89.

> Nul n'est noble, si de cœur non ;
> Nul n'est vilain, si ne vilaine ;

disait un bon vieux adage, où les plus humbles, les plus déshérités pouvaient prendre leurs lettres de noblesse. Les pauvres, au temps passé, n'étaient point, comme dans notre ghetto social, des parias, des quantités négligeables ; la coutume, les assimilant aux Nobles, les exemptait d'impôts [1], et même on voit qu'en vertu d'une chevaleresque donation « les pauvres de Perpignan » étaient « seigneurs de Cornella de Bercol [2]». De quoi sont-ils seigneurs aujourd'hui ?... C'est qu'au-dessus de tout et de tous, dans la vieille France très chrétienne, il y avait ce dont les puissants du jour ne veulent plus : « Dieu, qui est droiturier ! » comme dit bellement Froissart.

---

[1] Chorier, *Estat politique*, t. III, p. 688, rôle de feux, xvᵉ s. : « Joh. Uraisii, pauper, quasi nobilis est. »

[2] B. Alart, *Communes du Rouss.*, p. 210. — Le plus pauvre, à l'hôpital de Beauvais, était traité en seigneur. Règlement de 1565, article XXX : «... Et puys après, sera mené au lict, où doresenavant sera traitté comme seigneur de la maison. » A rapprocher des hôpitaux laïcisés, où, sans parler de certains sévices, le malade n'est pas même seigneur de son âme et de sa conscience.

CHAPITRE XII

Un autre préjugé contre la Noblesse féodale, c'est son dédain des lettres, son manque absolu d'instruction. Je ne connais pas une époque où ce préjugé revête l'apparence d'une vérité. Le gros argument, c'est que les Nobles signaient leurs chartes d'une croix, comme l'illettré de notre temps ; l'argument prouve non leur ignorance, mais celle de l'argumentateur. Aux siècles de foi vive, on signait d'une croix, en regard de son nom écrit par le scribe, parce que la Croix, étant le signe le plus révéré, était la plus haute affirmation de la loyauté du contractant, du témoin, du signataire. En 1224, Renaud, archevêque de Lyon, Zacharie, abbé de la Bénisson-Dieu, Guillaume, abbé de Savigny, Jean, abbé d'Ainay, et plusieurs autres, signent d'une croix une charte de l'Ile-Barbe[1] : qui pourrait en inférer que ces dignitaires ecclesiastiques ne sûssent pas écrire? Voici une charte d'Agobert, évêque de Chartres, que souscrivent dix-neuf chevaliers ou nobles : un seul est indiqué comme illettré[2].

Quand donc les Nobles furent-ils ignorants de parti pris? Est-ce au temps du bon roi Dagobert, où les légendes nous montrent les pâtres et les fils de comtes étudiant ensemble dans les écoles monastiques[3] ? Est-ce au temps où Charlemagne, ouvrant des écoles jusque dans ses palais, menaçait les jeunes nobles paresseux de les dégrader de leur rang pour le donner à leurs condisciples non-nobles et studieux? Est-ce aux xıe et xııe siècles, lorsque les écoles,

---

[1] *Chartes diverses*, p. 4.

[2] *Marmoutier*, t. II, p. 103 : « Signum Gausberti indocti. »

[3] Courtalon-Delaistre, *Topogr. hist. du dioc. de Troyes*, t. III, p. 241, *Vie de saint Serein :* « Il laissoit ses bestiaux pour accompagner le fils du comte à l'abbaye de Nesle où ils alloient faire ensemble leurs estudes.» — Des Guerroys, *La Saincteté chrestienne*, fol. 155-163. — O. de Poli, *Les seigneurs et le chât. de Béthon*, p. 14.

dans Paris, étaient nombreuses et florissantes[1], lorsque les jeunes nobles recevaient l'instruction dans les écoles des monastères[2], lorsque les jeunes comtes, les jeunes seigneurs apparaissent si fréquemment dans les actes publics avec leur *nutricius*, leur pédagogue, leur maître de grammaire ou de philosophie, leur précepteur, leur éducateur? Vers 1043, Herbert IV, comte de Vermandois, a pour témoin d'un de ses actes « Wautier, son pédagogue. »[3] En 1066, Ilger est le pédagogue de Robert, fils de Guillaume le conquérant[4]. Raoul le philosophe souscrit une charte d'Alain, comte de Coutances[5]. En 1095, Noël est le précepteur du fils de Guillaume, seigneur de Roulant[6]. En 1104, Guillaume, fils du comte d'Aquitaine, figure dans un titre « avec son pédagogue[7] ». En 1107, Savary est dit

---

[1] L'abbé Lebeuf, *Dissert.*, t. II, p. xi, 4, 10, 11, 16, 319.

[2] Mabillon, *Annal. Benedict.*, t. V, p. 335 : « Nobilium filii in monasteriorum scholis eruditi. »

[3] Colliette, t. I, p. 690 : « Walterus pedagogus meus. »

[4] *Marmoutier*, t. II, p. 28 : « Ilgerius pedagogus Roberti filii comitis. »

[5] *Mém. de Bretagne*, fol. 452 v° : « Radulphus philosophus. »

[6] *Chartes de St-Evroult*, 1095, non fol. : « Natalis nutricius infantis Willelmi de Roelent. »

[7] Guérard, *Polyptic. Irminon. abb.*; t. II, n° 33, p. 373 : « Filius comitis Willelmus cum pedagogo suo. »

« ancien précepteur de Geoffroy, comte » de Vendôme[1], et Payen est précepteur d'Amaury Crespin, sire de Champtoceaux[2]. Voici encore Ingomar, grammairien d'Alain de Vitré[3]; en 1119, Aïn, précepteur de Foulques, comte d'Anjou, qui fait, à sa prière, une donation[4]; vers 1130, Renaud, grammairien de Geoffroy, fils du dit comte[5]; en 1190, Laurent, précepteur de Jehan de Saint-Médard[6]; vers 1200, Eudes, pédagogue de Jehan, comte d'Eu.[7] Et de quelle considération jouissaient les professeurs ! Au commencement du XIIe siècle, Bernard le grammairien souscrit une charte de Guy de Verdun immédiatement avant Hugues, sire de Milly, et Bertrand, sire de Châtenay[8].Précepteurs, maîtres de philosophie ou de grammaire, étaient parfois

[1] Mabille, p. 154 : « Savaricus qui fuit nutricius comitis. »

[2] *Marmoutier*, t. I, p. 397 : « Paganus nutricius. »

[3] *Marmoutier*, t. III, p. 288 : « Ingomar grammaticus. »

[4] *Coll. d'Anjou*, t. IV, n° 1381, charte dud. comte : « Aiani nutricii sui exortationi adquiescens. »

[5] *Marmoutier*, t. IV, p. 129 : « Rainaldus grammaticus. »

[6] *Cartul. de Val-le-Roy*, fol. 57 : « Joh. de sancto Medardo et Laurentius, nutricius ejus. »

[7] *Cartul. de Foucarmont*, fol. 42, 48, 51, 68 : « Odo pædagoga.... Odo pædagogus.... Odo magister.... »

[8] *Cartul. de St Marcel de Chalon*, p. 161 : « Signum Bernardi grammatici. Signum Hugonis de Miliaco. Signum Bertranni de Castaniaco. »

eux-mêmes gentilshommes, et non des moins hauts : en 1069, Bérenger le grammairien, Gausbert son frère, et Agnès sa mère, concèdent une donation faite par Hardouin, sire de Maillé [1]; concession qui implique la parenté. Vraiment, l'érudit croit rêver, lorsqu'il entend affirmer que les Nobles affectaient de ne savoir pas écrire; si, du moins, on se contentait de dire qu'ils savaient moins bien manier la plume que l'épée, nous serions près d'être d'accord; mais les preuves documentaires réduisent à néant cette absurde affirmation. Voici le seing manuel d'Hugues, sire de la Ferté, en 1015 [2]; celui de Gilbert, seigneur de Chaunai, vers 1050 [3]; les signatures de vingt chevaliers angevins, en 1215 [4]. Je m'imagine qu'un moine leur tenait la main, comme aussi sans nul doute, en 1186, à Simon de Bresson, chevalier, qui, faisant une donation au monastère de Lugny, en rédigea de sa main la charte [5]. C'étaient les

[1] *Marmoutier*, t. I, p. 384 b : « Actum est hoc in curte Berengerii grammatici. »

[2] *Cartul. de St Vinc. du Mans*, B. N., p. 86.

[3] *Coll. d'Anjou*, t. II, nº 534 : « Gislebertus de Calniaco manu firmavit. »

[4] *Coll. d'Anjou*, t. XIII, nº 8474.

[5] *Cartul. de Lugny*, fol. 48 : « Symon de Brecon miles... charta... per cujus manum facta. »

moines qui dictaient leurs poésies à Guillaume III, comte de Poitiers, à Etienne, comte de Blois, à Thibaut, comte de Champagne, aux troubadours, aux Blacas, aux la Barre [1], aux Coucy, à tous les nobles amoureux du gai savoir. Mais, si les gentilshommes se faisaient gloire d'être ignorants, comment expliquer cette charte antérieure à 1050, dans laquelle un d'eux se qualifie en même temps « chevalier et clerc » [2] ? Dans une charte par laquelle, en 1057, il affranchit un serf « pour le repos de l'âme de Guillaume de Sainte-Maure, son frère », Gausbert de Sainte-Maure se qualifie « clerc » [3] ; et les Sainte-Maure sont un des plus antiques lignages de la chevalerie de France. Vers 1200, Foulques, sire de Tussé, est maître des écoles du diocèse du Mans [4]. En 1220, Baudouin de Gombert se qualifie « chevalier et jurisconsulte » [5]. En 1224,

---

[1] Guillaume de la Barre, chevalier, auteur de poésies satiriques qu'il paya de sa vie. — Voy. ma notice sur la *Maison de la Barre* dans la revue *La Terre Sainte* n° 258, 1er mai 1886.

[2] *Cartul. de Cluny*, t. I, fol. 34 : « Quidam miles et clericus nomine Achardus. »

[3] *Coll. de Poitou*, t. XVII, fol. 82.

[4] *Extr. de cartul. relat. à la Bret.*, p. 733 : « Fulco dominus de Tusse, magr scholasticus cenom. » — *Obit. de l'égl. du Mans*, fol. 3 : « Fulco quondam dns de Tusseyo ac scholast. cenom. »

[5] Borel d'Hauterive, t. XVI, p. 236.

Pierre de Villedavray, frère d'Eudes et de Roger, chevaliers, est « étudiant à Boulogne ». [1] Geoffroy d'Escharbot, chevalier, dit dans son testament, en 1283 : « Item, je donne et lègue à Jean et Philippe, fils à la Bouteillière, mes cousins, XXV livres pour acheter des livres afin qu'ils puissent étudier en iceux et s'instruire dans les écoles [2]. »

Au même temps, le proviseur de la Sorbonne s'appelle Guillaume de Montmorency [3]. En 1368, « Messire Girerd d'Estres, chevalier, seigneur de Banneins », se qualifie « docteur en loix » [4]. En 1382, Guillaume Musnet se dit « compeignon de Jehan et Guy, nepveuz monseigneur le conte de Bloys, estudians à Engiers [5] ». Je trouve, en 1391, « Euvrart de Hautelaine, maistre d'eschole d'Anthoyne monsieur, filz du duc de Bourgoingne [6]». Guillaume de Clugny, seigneur de Conforgien, d'extraction chevaleres-

[1] Dom Villevieille, *Trésor*, t. XCI, v° Villedavray.

[2] *Coll. d'Anjou*, t. VII, n° 3337 : «... ad querendum libros ut possent studere in eis et addiscere in schollis. »

[3] *Cartul. de la Sorbonne*, fol. 27, 33 v°, 34 : « Guillelmus de Monte Moranciaco, provisor domus pauperum magistrorum de Seurbonio. »

[4] Clairambault, t. DCCLXXXVI, p. 66.

[5] *Quittances*, t. XXVIII, p. 366.

[6] Rossignol, *Invent. somm. des Arch. de la Côte-d'or*, t. I, p. 137.

que, est qualifié dans son épitaphe, en 1386, « noble seigneur et saige, licentié en loix et en décret [1] ». Boniface de Castellane, baron d'Allemagne, testant en 1393, laisse « à sa fille des livres de droict, comme un trésor, pour par elle espouser un homme de robe longue, docteur jurisconsulte [2] ». Noble homme messire Raymond de Bernard, chevalier, se qualifie en 1394 « docteur en lois [3] ». En 1399, « noble et scientificque Raoul de Refuge », d'extraction chevaleresque, est « docteur régent en l'Université d'Angers [4] ». En 1469, « noble homme Jehan de Chandemanche, escuyer », fils de René, chevalier, et de noble dame Aliette Courtin, est « escholier estudiant » en la même université [5]. En 1540, « noble personne Jehan de Clèves, fils de deffunt messire Hermand de Clèves, chevalier », est « escolier estudiant en l'université de Paris [6] ». Lisez cet « Estat des escoliers du Roy estudians au collège Royal de Champagne dict de Navarre », en 1581 [7] ; ils sont là trente jeunes.

---

[1] Dom Plancher, t. I, p. 353.
[2] *Doss. bleu* 4102, Castellane, fol. 167.
[3] *Cartul. de Provence,* t. I, p. 44.
[4] *Cartul. de Bonneval,* p. 119.
[5] *Preuves,* n° 114.
[6] *Pièces orig.,* t. 2610, Salazar, p. 186.
[7] Clairambault, t. CCCI, p. 234.

gentilshommes, s'instruisant à l'exemple de leurs pères. Quand donc les Nobles ont-ils méprisé l'instruction ? On raconte, il est vrai, que Bertrand du Guesclin ne savait pas écrire ; mais ce fait est précisément noté comme une singularité, et d'ailleurs il se retourne contre les apôtres de l'instruction à outrance, puisqu'il démontre qu'il n'est pas indispensable de savoir écrire pour devenir un grand citoyen, un grand capitaine, un grand homme et le sauveur de la Patrie.

Comment oser parler de l'ignorance de la Noblesse, lorsque la France lui doit ses premiers poètes, les troubadours, Fortunat, Thibaut de Champagne, Charles d'Orléans, Malherbe ; son premier penseur, Abaylard ; ses premiers jurisconsultes, Beaumanoir, Navarre, Jehan d'Ibelin, et ce merveilleux cortège de chroniqueurs et d'historiens qui, depuis Grégoire de Tours, forme une partie, non la moins brillante, de sa gloire littéraire ? Nos plus anciens documents historiques en langue française sont de la fin du xii⁰ siècle. Le premier de tous est l'histoire de la cinquième croisade et de la prise de Constantinople, par Geoffroy de Villehardouin, maréchal de Champagne ; vient ensuite le compagnon de saint Louis, l'historien de la septième

croisade, le bon sire de Joinville ; et ces deux
chroniqueurs étaient de la plus noble race après
celle de nos Rois. Puis c'est Enguerrand de
Monstrelet, gentilhomme du comté de Boulogne ; Georges Chastelain, issu de la maison de
Gavres, ami de Philippe le bon, duc de Bourgogne ; Mathieu de Coucy, noble du Hainaut ;
Jehan de Troyes, fils du grand-maître de l'ar-
tillerie de Charles VII ; Philippe de Commines,
sire d'Argenton ; Olivier de la Marche, conseiller
du duc de Bourgogne ; Guillaume de Marillac,
secrétaire du connétable de Bourbon ; François
de Rabutin, Guillaume de Rochechouart, Martin du Bellay, Hurault de Cheverny, l'amiral de
Coligny, François de la Noüe Bras-de-fer,
illustre gentilhomme breton, Michel de Castel-
nau, Claude de la Chastre, maréchal de France,
Pierre de l'Estoile, Sully, Pierre de Bourdeille,
seigneur de Brantôme, de Thou, Turenne, Saulx-
Tavannes, d'Aubigné, le maréchal de Marillac,
Charles de Valois, duc d'Angoulême, le maréchal de Montluc, le comte de Montrésor, et cent
autres. Et ce splendide renouveau des arts, des
lettres et des sciences, la Renaissance, son nom
se peut-il séparer de ceux du Roi-chevalier et
des grands seigneurs qui en furent les magnifiques initiateurs, les Montmorency, les Amboise,

les Gouffier, les Urfé [1]? « Mentez, mes amis, disait à ses séides le sieur de Voltaire, il en reste
toujours quelque chose. » C'était renouvelé du
Pogge, à qui l'on signalait de ses mensonges historiques : « Laissez faire, répondit-il, d'ici à trois
cents ans tout cela sera vrai. »

Le vandalisme révolutionnaire, héritier du
mensonge philosophique, se flattait d'anéantir le
prestige de la Noblesse en faisant un autodafé de
ses parchemins ; puis l'école du mensonge est
venue à la rescousse ; on peut salir l'histoire,
on ne la détruit pas.

[1] Cf. Laurentie, t. IV, p. 109.

CHAPITRE XIII

Les Nobles au barreau. — Assises de Jérusalem. — Le
d'Ibelin. — Philippe de Navarre. — Gentilshommes
jurisconsultes. — Les géants des batailles. — Chevaliers
en armes et chevaliers en lois. — Comment les Nobles
se détachèrent de l'étude du droit. — Seigneurs en loi. —
Ecuyers en droits. — Jean Carondelet. — Pierre Puy. —
La bourgeoisie remplace la Noblesse dans les parlements.

Eustache des Champs, dans une de ses ballades,
regrette le temps où l'étude des arts libéraux
était l'apanage des Nobles, où les plus grands
seigneurs, après avoir défendu par les armes les
droits de la patrie, défendaient par leur éloquence
les droits des particuliers, imitant en cela « les
Romains, qui se consacraient également aux exer-
cices de la guerre et à ceux de la plaidoyerie [1]. »
Dans les premiers siècles de la féodalité, nous
trouvons, en effet, des chevaliers de vieux lignage,
comme Pierre de Touchebœuf, comme Pierre de
Faydit [2], comme Baudouin de Gombert, que j'ai

[1] Sainte-Palaye, p. 22, 73, 83.
[2] Chartes de l'abb. d'Uzerche, vers 1135 ; citées par Saint-
Allais, t. XIV, p. 186; note 2.

déjà cité, se qualifier juges, *judices*, ou juristes.
L'étude approfondie du droit était alors singulièrement en honneur parmi les Nobles, et ce fut
ainsi que le royaume de Jérusalem leur dut ses
admirables constitutions; Jean d'Ibelin, qui rédigea les *Assises*, était un haut et puissant baron,
et son petit-fils, Jacques d'Ibelin, fils du prince
de Tibériade et d'Alix de Lusignan, écrivit un
traité succinct de jurisprudence féodale. Causant
de jurisprudence avec le roi Amaury, Raoul de
Tibériade disait avec un légitime orgueil « qu'il
ne feroit pas son pareil, Remont Antiaume, ne
aultre soutil borgeois [1] ». Philippe de Navarre,
le preux chevalier, le guerrier infatigable, l'habile politique, couvert d'honneurs et de gloire,
disait sur la fin de sa brillante carrière : « Je
suis envieilly en plaidant pour aultruy [2]. » Gentilshommes et bourgeois rivalisaient généreuse-
ment sur le noble terrain du droit ; on les voit
siéger côte à côte [3] sous l'orme de justice [4]. Quand

[1] L. de Mas-Latrie, *L'Ile de Chypre*, p. 372. — *Assises de Jérus.*, t. I, p. 523. — Cf. E. Rey, *Colonies franques de Syrie*, p. 171-172.

[2] Borel d'Hauterive, *Ann.*, t. XXIV, p. 231.

[3] *Cartul. de Marmoutier*, t. II, p. 297, vers 1126 : «... justo judicio procerum et burgensium. »

[4] *Cartul. de St Vinc. du Mans*, B. N., p. 265-266 : «... qui cum abbate erant subtus ulmum que est ante ecclesiam. »

les paysans ont un litige, leurs prudhommes dési-
gnent à l'unanimité des suffrages un chevalier
pour arbitre [1]. Les cours de justice sont remplies
de barons [3]; ils composent le parlement du Roi [2]; .
Jean de Vieuxpont, conseiller en 1315 [4], Quentin de Moÿ, conseiller en 1410 [5], Henri de Marle,
chevalier, président au parlement en 1409 [6],
étaient de la première noblesse. Pendant longtemps, pour les fonctions de justice, « on élut de
préférence des nobles, quand ils se trouvaient
suffisans [7] ». Et c'étaient bien les compagnons
des du Guesclin et des Barbazan, les « géants
des batailles », non pas des « chevaliers en loix »,
qui dépouillaient le heaume et la cuirasse pour
revêtir le manteau de justice ; le 4 mars 1405,
Charles VI mande aux gens de ses comptes :
« Comme *de longue observance et grant ancieneté*
les chevaliers en armes de nostre conseil, servans

[1] *Cartul. de St Vinc. du Mans*, p. 486, charte de juin 1205.
[2] Cf. A. du Buisson de Courson, *Rech. nobil.*, p. 268.
[3] Laurentie, t. II, p. 353.
[4] *Doss. bleu* 17791, Vieuxpont, p. 19.
[5] Borel d'Hauterive, t. XXXIV, p. 150.
[6] *Cartul. de St Corneille de Compiègne*, B. N., ms. latin
9171, p. 235 : « Henricus de Marla, miles, domini nostri
regis consiliarius et in suo parlamento præsidens. »
[7] P. de Miraulmont, *De l'orig. du parl. de Paris*, 1612, p.
51-52. — Cf. H.-F. de Malte, *Les nobles dans les tribunaux*,
1680, *pass.*

en ordonnance en nostre court de parlement et semblablement ès requestes de nostre hostel, ont accoustumé d'avoir dix livres par chacun an pour manteaulx [1]... » Ce furent les grandes guerres nationales qui détachèrent les Nobles de l'étude du droit et des charges judiciaires ; la patrie était en danger ; ils ne furent plus, ils ne devaient plus être que des hommes d'épée, et la bourgeoisie fit du parlement sa chose. En prenant la place des chevaliers, elle s'attribua la chevalerie ; car c'est exactement de ce temps que datent ces « chevaliers de lois » dont parlent Pasquier et Loiseau [2]. Dès le commencement du XIVe siècle, on trouve, à vrai dire, des « seigneurs en loy [3] », mais « seigneur » n'avait pas d'autre sens que « maître », et l'expression, pour être prétentieuse, n'était pas absolument hyperbolique. Les « bacheliers en lois [4] » viennent ensuite,

[1] *Chartes royales*, t. XII, p. 575.

[2] La Roque, *Traité de la nobl.*, p. 143 : « Pasquier (*Rech. de la France*, liv. II) et Loiseau (*Offices*, liv. I, ch. IX), disent qu'il y a deux sortes de chevaliers en France, les uns d'armes et les autres de loix. » Au XVe siècle, il y avait, dans l'église de Lyon, sept *milites jurisperiti* chargés de défendre ses droits. (*Tiltres du Lyonnois*, fol. 184.) — Cf. Boulainvilliers, p. 123-124.

[3] L. de Mas-Latrie, *Hist. de Chypre*, Documents, t. I, p. 149 : « 1328. Mons. Pierre Champion, seigneur en loy. »

[4] *Marmoutier*, t. III, p. 25 : « 1398. Symon Destrees, ba-

et plus tard on rencontre jusqu'à des « escuyers en droicts » [1]. Ce fut alors que pour se distinguer de cette chevalerie et de cette bachellerie de robins, les gentilshommes adoptèrent la qualification de chevaliers d'armes, *milites in armis*. Nous venons de la constater dans un mandement de Charles VI, et elle ne doit tomber en désuétude qu'au xvi° siècle. « Et si fut prins ung gentilhomme d'armes, nommé Jouan Chervié », dit Monstrelet, à l'armée 1419 [2]. Voici, en 1458, « Baudet Berthelot, chevalier d'armes, lieutenant général du bailly de Touraine [3] » ; en 1480, « noble et sage homme messire Pierre Puy, chevalier en armes, conseiller et chambellan du Roy nostre sire [4] » ; et, en 1506, « feu de pieuse mémoire noble et magnifique et généreux homme messire Jehan Carondelet, vivant chevalier en armes [5] ». C'était aussi pour n'être pas confondus avec les chevaliers en lois et les écuyers en droits

chellier en loys, garde du seel de la conté de Sancerre. »
[1] *Cartul. d'Abenon*, fol. 71 : « 1543. Es plès d'Orbec tenuz par nous Jacq. Baudoin, escuier es droictz, vicomte dud. lieu. »
[2] *Chroniq.*, p. 452.
[3] *Marmoutier*. t. II, p. 480.
[4] L'abbé F. Renon, *Chron. de N. D. d'Espérance de Montbrison*, p. 556.
[5] *Carrés*, t. CLIII, Carondelet, p. 1 : «... dum viveret miles in armis. »

qu'au xvɪᵉ siècle des Nobles ne prenaient ni la
qualité d'écuyer, ni celle de chevalier, et s'intitu-
laient fièrement « gentilshommes ' ».

¹ Dom Fonteneau, t. XIV, p. 619, acte de 1568 : « Noble
homme Pierre Goheau, gentilhomme, seigneur de Laubi-
nière en Touraine. »

CHAPITRE XIV

Hiérarchie féodale. — Gentilshommes bourgeois. — Noblesse urbaine. — Comment les Nobles s'agrégeaient à la bourgeoisie. — Les Chaponay, les Châteaubriand, les Chabot, les Sainte-Aldegonde, les les Croy. — Ecuyer et marchand. — Deux catégories de bourgeois. — Benoît Caudron. — Bourgeois et marchand de sang royal. — Gérard de Castille et sa postérité.

« Duc est la première dignité, et puis contes, et puis vicontes, et puis barons, et puis chastelain, et puis vavassor, et puis citaen, et puis vilain [1]. » Nous avons là toute la hiérarchie féodale. Citoyen, *vicinus* [2], bourgeois, ce sont trois mots synonymes. Des généalogistes se sont refusés à ranger dans la noblesse d'ancienne extraction certaines familles, parce qu'en remontant les degrés de leur filiation, ils y découvraient un bourgeois. D'autres ont justement émis l'opinion

---

[1] Rapetti, *Li livres de justice et de plet*, p. 67.
[2] *Cartul. de Barbeaux*, fol. 263 ro·vo : « Andreas *Vicinus* de Glerannis.... Andreas de Gleranis cognomènto *Borgeois*. »

que, même sous le régime purement féodal, l'on
pouvait être à la fois gentilhomme de race et
bourgeois de ville [1]; « surtout sous le régime
purement féodal », devaient-ils dire. La Noblesse
se recrutait seulement par en bas ; la bourgeoisie,
corps mixte, se recrutait par en bas et par en haut.
Il n'y avait pas alors, entre ces deux corps so-
ciaux, la distinction absolue, la division fomentée
par l'appauvrissement de la Noblesse, accrue par
les guerres de religion et poussée à l'aigu par la
révolution. Avec la simple nomenclature des
bourgeois des bonnes villes, du xiie au xve siècle,
on ferait un splendide nobiliaire chevaleresque.
Le plus souvent, lorsque, dans les chartes ou
les annales, on rencontre de grands noms accom-
pagnés de la qualification de bourgeois, la présomption vient à l'esprit qu'on se trouve en
présence de roturiers ayant pris le nom de leur
lieu d'origine ; le fait a certainement pu se produire ; mais, en règle générale, ce sont des gentilshommes authentiques, volontairement agré-
gés à la bourgeoisie pour avoir le bénéfice de
ses privilèges, qui constituaient réellement une
sorte de noblesse urbaine. Soit que le manoir
paternel fût trop étroit par suite du grand nombre des enfants, soit qu'ils eussent plus de goût

[1] Cf. La Roque, *Traité de la nobl.*, ch. LXXIV, p. 225.

pour le séjour des villes, soit encore que les infir-
mités ne leur permîssent pas ou que les blessures
ne leur permîssent plus d'aller à la guerre, maints
bons gentilshommes, et des races les plus illustres, se faisaient bourgeois, recherchant les dignités échevinales ou consulaires, se livrant aux
arts, au commerce, exerçant des métiers, et,
dans la paix féconde des cités, devenant infini-
ment plus riches que leurs aînés, les chevaliers,
forcément appauvris par les lourdes obligations
du privilège de noblesse. Je m'imagine que l'on
eût grandement surpris ces nobles volontaires de
la bourgeoisie en leur insinuant qu'ils dérogeaient
à leur naissance, et qu'un jour viendrait où quelque héraldiste officiel la contesterait en arguant
de leur embourgeoisement : tels Pons de Chaponay, bourgeois de Lyon en 1219[1]; David de
Châteaubriand, bourgeois d'Angers en 1226[2];
Eudes Chabot, bourgeois de Sens en 1227[3];
Mathieu Barbotin, chevalier, bourgeois de l'Ile-
Bouchard en 1230 et 1254[4]; Robert des Loges,

[1] *Cartul. de Champagne*, fol. 35 v°-37 : « Pontius de Cha-
ponai, civis lugdunensis. »
[2] *Coll. d'Anjou*, t. VI, n° 2625.
[3] Dom Villevieille, *Trésor*, t. LXXXVIII, fol. 8 v°. — Gaignières, *Egl. et abb.*, t. I, p. 225.
[4] Clairambault, t. CMXCIX, fol. 22 v°. — *Marmoutier*, t.
III, p. 17, 376.

bourgeois de Chevreuse en 1233, et seigneur
suzerain de Jean de Fayel de Coucy [1]; Dreux et
Simon d'Auteuil, frères, bourgeois de Bray en
1234, et plèges, avec deux chevaliers, de Simon
d'Auteuil, chevalier [2]; Geoffroy de Roye, bourgeois de Péronne en 1235 [3]; Gilon de Billy, char-
pentier, bourgeois de Soissons, vendant de ses
terres vers 1240 [4]; Nicolas de Blangy, bourgeois
de Pont-l'Evêque, faisant en 1242 une donation
aux moines de Saint-Himer par charte munie de
son sceau [5]; Pierre de Marle, du lignage des sires
de Coucy, bourgeois de la Fère en 1247, et l'un
des proviseurs de la confrérie de cette ville [6];
Richard de Chambly, bourgeois de Pontoise en
1268 [7]; Mathieu Buridan, bourgeois de Saint-
Quentin en 1295 [8]; Jehan de Vanves, « borgois
de Paris » en 1300, dont le sceau porte un écu

---

[1] *Cartul. de N. D. de la Roche*, p. 17 : «... quam domum
tenebant a Rob. de Logiis, burgen. de Caprosia... Preterea
dictus Robertus, primus dominus feodi... et Joh. Faiel de
Coussiis, secundus dominus dicti feodi... dictam venditio-
nem concesserunt. »

[2] *Pastoral de N. D. de Paris*, fol. 11.

[3] Peigné-Delacourt, *Ourscamp*, p. 186.

[4] *Cartul. de St Médard*, fol. 33.

[5] *Titres de St Himer*, p. 127.

[6] *Cartul. de St Crespin*, fol. 69 v°.

[7] L. Pannier. *Méry-sur-Oise et ses seigneurs*, p. 64.

[8] H. Bouchot, p. 126. — Colliette, t. II, p. 819.

chargé d'une croix ancrée [1] ; Pierre de Hangest, chevalier, bailli de Rouen et bourgeois de Montdidier en 1308 [2] ; Hugues, baron d'Arpajon, damoiseau, bourgeois d'Aurillac, et Esquivart, sire de Chabanais, bourgeois de Bigorre, en 1317 [3] ; Hélie de la Porte, bourgeois de Marmande en 1334 [4] ; Robert et Jacques du Castel, décédés l'un en 1336, l'autre en 1355, qualifiés dans leur commune épitaphe « Nobles et vénérables bourgois de Rouen », et maires de cette ville [5] ; Robert d'O, bourgeois de Séez en 1336 [6] ; quatre bourgeois de Saint-Omer, du nom de Sainte-Aldegonde, en 1337, dont le sceau porte l'écu de cette très noble maison chevaleresque [7] ; Jacquemart de Sainte-Aldegonde, bourgeois de Saint-Omer en 1366, et à qui Béatrix de Vix, femme de Jehan de Sainte-Aldegonde, chevalier, fait une vendition [8] ; Pierre et Tassart de Culant, bourgeois de

---

[1] Arch. Nat., Layett. J. 377, no 23⁵.

[2] La Roque, *Traité de la nobl.*, p. 225. — Willaume de Hangest était aussi bourgeois de Montdidier, en 1367. (Dom Grenier. t. XXX, fol. 29.)

[3] La Roque, *ibid.*, p. 226.

[4] *Pièc. orig.*, doss. 52772, p. 2. — Vers 1089, Hélie de la Porte, chevalier, est témoin d'une donation au prieuré de Saint-Denis de la Chapelle, dioc. de Bourges. (*Ibid.*, p. 161.)

[5] Farin, t. III, p. 332.

[6] *Mém. de Bretagne*, fol. 100 v°.

[7] Demay, *Sceaux d'Artois*, nos 1218-1221.

[8] E. de Rosny, t. III, p. 1323.

Saint-Omer et marchands de bois en 1356, dont les sceaux portent un écu chargé d'une croix de Saint André [1]; Ponson Chevrières, bourgeois de Romans en 1389, ayant le même prénom et les mêmes armes que Pons de Chevrières, chevalier d'ancienne noblesse, vivant en 1366 [2]; Pierre de Croÿ, élu d'Amiens en 1368 [3], descendant très probablement de Jean de Croÿ, bourgeois d'Amiens, fils de Mathieu de Croÿ, et à qui en 1244 Dreux de Milly, chevalier, vendit tout ce qu'il avait dans le fief de messire Baudouin de Belleval, chevalier [4]; Jean de Grailly, chevalier, s'agrégeant vers 1360 à la bourgeoisie de Bordeaux, dont il devint maire [5]; des Boubers (de la maison d'Abbeville, issue des comtes de Ponthieu), bourgeois d'Abbeville aux XIVe et XVe siècles [6]; Jean de la Barre, bourgeois de Noyon, qui en 1407 donne une charte « soubz mon séel », où se voit un écu chevaleresque, penché, timbré d'un heaume à cimier, avec deux léopards en supports [7]; Perronet de Rogneins, bourgeois

[1] Demay, *op. cit.*, nos 1286-1288.
[2] G. de Rivoire, add. mss. à son *Armorial de Dauphiné*.
[3] Clairambault, t. CCCI, p. 38.
[4] Dom Grenier, t. XXXIX, fol. 65.
[5] La Roque, *op. cit.*, p. 226.
[6] O. de Poli, *Un martyr de la patrie*, p. 153-156.
[7] *Pièc. orig.*, t. 201, doss. 4431, p. 6.

de Villefranche-sur-Saône, au xve siècle [1] ; Enguerrand de Sainte-Marie, dit Fouloigne du nom de son fief, bourgeois et marchand de Caen en 1410 [2] ; Guillaume de la Mare, bourgeois de Rouen, mort en 1440, et dont il est dit : « Le dict de la Mare bourgeoys estoit noble et portoit une bande et 6 croisettes [3] » ; Guillaume de Châteauvilain, bourgeois de Paray en 1447 [4] ; Guillaume du Bosc, qualifié « escuier, marchant et bourgeois de Rouen » dans un arrêt de l'échiquier de Normandie, en 1478 [5].

« On trouve, dit dom Caffiaux non sans une expression de surprise, des titres où les personnes dont la noblesse est bien constatée, après avoir pris la qualité d'écuyer ou de chevalier, ne prennent plus que celle de bourgeois [6]. » C'est parce que, dans ce dernier cas, ils agissaient ou contractaient en vertu de leur privilège de bour-

---

[1] Bibl. nat., *Invent. des tiltres de la ch. des comptes de Villefranche*, p. 124. — Le chartrier de Beauvoir renferme un certain nombre de chartes des Rognin ou Rognins, ancienne famille chevaleresque, paraissant être un ramage des sires de Lavieu ; n°s 512, 560, 617, 624, 649, 665, 718, 769, 781, 837 (ann. 1336-1491.)

[2] *Quittances*, t. XLVI, p. 4350.

[3] Farin, t III, p. 311.

[4] *Cartul. de Cluny*, t. II, fol. 189 v°.

[5] La Roque, *op. cit.*, p. 227.

[6] *Trésor général.*, 1777, p. XXIX.

geoisie, qui non seulement n'était pas incompa-
tible avec leur privilège de noblesse, mais leur
conférait des droits particuliers. Les coutumes de
Champagne et de Brie « nous enseignent qu'il y
avait deux sortes de bourgeois, les uns nobles,
les autres non-nobles [1]. » On peut en inférer qu'il
en était de même dans toutes les villes du royaume.
C'est de ces « bourgeois nobles » que parle clairement Froissart lorsque, narrant l'héroïque
action d'Eustache de Saint-Pierre et de ses compagnons, il dit : « Et vous jure que ce sont et
estoient aujourd'huy les plus honnorables de
corps, de chevance *et d'ancesterie* de la ville de
Calays [2]. » Plus clairement encore, lorsque, racon-
tant le siège de Rennes par le comte de Mont-
fort, il dit : « Si s'accordèrent finablement tous
à la paix, et *les grants bourgoys*, qui estoient
bien pourveus, ne s'y vouloient accorder : si
mouteplia la dissention, si dure que les grants
bourgoys, *qui estoient tous d'ung lignaige*, se trai-
rent tous [3]... » En 1708, au scandale du juge
d'armes de la noblesse de France, Louis XIV
octroya à Benoît Caudron, avocat, échevin et
bourgeois d'Arras, des lettres de relief de déro-

---

[1] La Roque, *op. cit.*, p. 147.
[2] Livre I, chap. 320.
[3] Tome I, p. 130.

geance dans lesquelles est relatée sa filiation
sans lacune jusqu'à Baudouin Caudron, chevalier,
vivant en 1096 [1]. Tel bourgeois de Paris était
même de sang auguste et ne croyait pas avilir
son blason royal en en faisant l'enseigne de son
négoce, comme, au xvie siècle, « Gérard de Castille, marchand bourgeois à l'enseigne du *Château
d'or*, rue aux fers, descendant filiativement d'un
fils de Henri II, roi de Castille ; il gagna trois
cent mille escus ; sa petite-fille espousa Charles
de Chabot, comte de Charny ; il fut le trisaïeul de
Marie de Castille, femme d'Anne de Lorraine,
prince de Guise, et le bisaïeul de Charlotte de
Castille, princesse de Chalais. [2] »

[1] *Pièces orig.*, t. 621, Caudron, p. 4.
[2] *Doss. bleu* 4118, Castille, p. 3-15.

CHAPITRE XV

Les Communes à Bouvines. — Les légions bourgeoises à la
Croisade. — Le privilège de Noblesse était conciliable
avec le privilège de bourgeoisie. — Chevaliers et damoiseaux
bourgeois. — Les bourgeois de Jérusalem. — Louis VI
et les maïeurs des bonnes villes. — Lettres de nóblesse
et lettres de bourgeoisie. — Tournoi des bourgeois de
Tournay en 1331. — Le seigneur Carrige. — Gentilhomme cordonnier. — Noble marchand. — Noble et
puissant seigneur, fils de bourgeois.

Quand on connaît la composition mixte de la
bourgeoisie dans les temps féodaux, on conçoit
que le mérite de certains actes chevaleresques, —
comme l'héroïsme des « communes » à Bouvines[1]
et la présence des légions de plusieurs villes à la
seconde croisade de saint Louis[2], — ne saurait
sans témérité, sans risque d'injustice, être exclu-

[1] *Chronique de Saint-Denis.* — Dom Bouquet, t. XVII,
p. 409 : « Les communes trespasserent toutes les batailles
des chevaliers et se mirent devant le Roy encontre Othon
et sa bataille. »
[2] Michaud, t. V, p. 71.

sivement imputé à la catégorie non-noble des bourgeois, comme l'ont fait des historiens âpres à scinder historiquement la France en deux éléments inconciliables, en deux camps ennemis. La bourgeoisie avait ses membres d'origine noble, comme la noblesse avait ses membres d'origine bourgeoise, les anoblis, dont la part d'honneur et de gloire se confond, en l'accroissant, dans le rayonnement séculaire de l'aristocratie.

Comment douter de la conciliabilité du privilège de noblesse avec le privilège de bourgeoisie, lorsqu'on voit, dans des lettres de Louis VI, en 1126, Richard des Costes qualifié simultanément. écuyer et bourgeois [1] ; « Jobert Mahauz, écuyer, bourgeois de Samois », en 1265 [2]; « Robert de Loines le viel, escuier, bourgois de Beaugency », en 1353 [3] ; vers le même temps, Jehan Croupet, écuyer, bourgeois de la Ferté-Bernard [4] ; « noble homme Jehan de Villette, damoiseau, bourgeois de Besançon, père de vénérable et discret maître Pierre de Villette, licentié en lois, damoiseau et bourgeois de Besançon [5] » ; en 1437, le « testa-

[1] Isambert, t. I, p. 138.
[2] *Cartul. de Barbeaux*, fol. 64.
[3] Dom Villevieille, *Trésor*, t. LII, v° Loines.
[4] L. Charles, *De l'adm. d'une commun.*, p. 6.
[5] *Cartul. de la chartreuse de Dijon*, p. 525, 527 de l'Obituaire.

ment de noble homme Hugues Baudet, damoiseau, bourgeois de Villefranche, publié à requeste
de messire Jehan Baudet, chevalier, bourgeois
et habitant de Villefranche [1] » ; en 1457, Ponce
Baudoche, chevalier, bourgeois de Metz [2]; en
1506, le testament de « Guillaume Mouchet,
escuier, citoien de Besançon [3] » ? Je pourrais
multiplier à l'infini les citations probantes [4] ; je
n'ajouterai que cette observation : les coutumes
du royaume de Jérusalem étaient calquées sur
celles du royaume de France ; or « les bourgeois
de Jérusalem pouvaient être en même temps
hommes ou barons du Roi, et par conséquent
appartenir à des familles nobles [5]. »

Ces prémisses acquises, on n'a plus de surprise lorsqu'on voit armer chevaliers en 1187
une fournée de cinquante bourgeois [6]; Louis VI
conférer aux maïeurs des bonnes villes les insi-
gnes de la chevalerie ; Philippe-Auguste, avant
de partir pour la croisade, instituer par son testament six bourgeois de Paris les gérants de sa

[1] Cartul. de Paray, fol. 99.
[2] Dom Villevieille, Trésor, t. LXXXV, v° Simon.
[3] Coll. de Bourgogne, t. XVIII, p. 35.
[4] Cf. R. de Belleval, Nobil. de Ponthieu, p. 398.
[5] Rey, Familles d'outre-mer, p. 644.
[6] Michaud, t. II, p. 337. — Cf. Rey, Colonies franç.,
p. 60.

fortune et de ses domaines, et les exécuteurs de
ses volontés dernières en cas de mort[1] ; Foulques
de Sens, bourgeois de Troyes en 1236, appeler
une de ses filles « Comtesse »[2] ; des bourgeois
du Roi, — car le Roi octroyait des lettres de
bourgeoisie[3] comme des lettres de noblesse, —
assimilés aux Nobles[4] ; trente-et-un bourgeois
de Tournay, en 1331, « emprindre de faire une
très noble et belle feste de trente et ung roys
pour jouster... et avoient faict une banière et
penons de trompe *des armes des* 31 *dessusdictz* ; »
et, parmi ces bourgeois aux blasons chevaleresques, figurent Jehan de Sainte-Aldegonde, An-
drieu de Lor, Guillaume de Bauffremez, etc.[5] On
n'est plus étonné de voir, en 1271, un bourgeois
de Cahors envoyer en son lieu à l'ost de Foix un
damoiseau ; un bourgeois de Castel-Sarrazin en-

---

[1] Isambert, t. I, p. 138. — Rittiez, p. 60.

[2] Socard, p. 181.

[3] Lettres de Jean II aux « attournez et bourgeois de
nostre ville de Compiègne, » en faveur de Ch. Colmir,
« nostre amé barbier et valet de cambre », 1352. (*Coll. de
Picardie*, t. CX, fol. 225). — « Nous Jehan de St Pierre,
sergent darmes du roy nostre sire et *son ciloien* et pre-
vost de Mascon... » (*Sceaux* t. LXXXV, p. 6725.)

[4] *Cartul. du dioc. de Paris*, p. 156, charte de 1271:
«... exceptis nobilibus, clericis et quibusdam quos dicebant
burgenses Regis. »

[5] V. Bouton, *Armorial des tournois, Jouste faicte à Tournay.*

voyer « pour li ung chevallier et trois damoiseaux [1] » ; des bourgeois, des échevins qualifiés
messire, *dominus* [2] ; Jacques d'Urfé, bailli de
Forez, homologuant en 1573 un contrat d'acquêt
fait par « honnorable homme Noël Carrige, bourgeoys et marchant de Roanne », l'appeler, dans
le corps de l'acte, « le seigneur Carrige » [3] ; les
bourgeois coutumièrement qualifiés « Sire » [4],
à l'égal des plus hauts seigneurs [5] et du Roi
même ; quelquefois, exempts des tailles [6], à l'instar des gentilshommes, et ayant le droit de recevoir la ceinture de chevalerie de la main des
barons et des prélats, sans le placet du Roi [7] :

[1] La Roque, *Traité du Ban*, rôles, p. 69.

[2] Titre de 1272 : « Dominus Gerardus de Canibus civis
et scabinus.» (Arch. Nat., layett. *Croisades*, J. 456, n° 28[31].)

[3] Chartrier de Beauvoir, n° 502, orig. parch. : « Et sera
tenu le seigneur Carrige prendre bonne et vallable quic-
tance. »

[4] Cab. des titres, n° 1110, *Epitaph.*, p. 69 : « Cy devant
gist honorable personne sire Guill[e] de Vassé, en son vivant
marchant rostisseur et bourgoys de Paris, qui trespassa
le 26e jour de janv. 1550. » — B. N., ms. franç. 8229,
p. 163, 179 : Commencement du xvie siècle : « Honorable
personne Sire Guill[e] Guerrier, marchant apoticaire d'Orléans... Sire Michel le Thoreau, marchant apoticaire de la
ville d'Orléans. »

[5] Le 11 oct. 1462, « Jehan Billon advoue tenir proche-
ment... de Sire René de Rais...» (*Extr. de Bretagne*, p. 648.)

[6] La Roque, *Traité de la Nobl.*, p. 208.

[7] Fontanieu, portef. 651-653, n° 1298.

employant, dans les actes, comme les personnages les plus relevés, la formule « de nostre certaine science[1] » ; Henri III, en 1579, permet-
tant aux bourgeois des villes franches de prendre
à l'avenir la qualité de nobles[2] ; des argentiers,
des changeurs, bourgeois de Paris, munir leurs
quittances de sceaux chargés d'un écu chevaleresque, penché, heaumé, avec un cimier et, pour
tenants, des anges ou des damoiselles, comme le
scel de Geoffroy Marcel en 1366[3], et celui de
Charles Poupart en 1393[4] ; il n'est pas jusqu'au
cordonnier du Roi, qui, en 1398, ne timbrât son
écu penché d'un heaume de chevalier[5]. Voici,
en 1435, un marchand de Condrieu, Louis Cha-
puys, qualifié « noble homme »[6], et, en 1642,

---

[1] 12 nov. 1422 : « A tous ceulx qui ces présentes lettres
verront, les consulz, bourgois et habitans de la ville de
Lymoges, salut... Nous..., de nostre certaine science, co-
gnoissons... » — *Quittances*, t. LV, p. 8.

[2] La Roque, *Traité de la Nobl.*, p. 227.

[3] Douët-d'Arcq, t. II, n° 4103.

[4] *Sceaux*, t. LXXXVIII, p. 6977 ; t. LXXXIX, p. 6981-6985.
— *Quittances*, t. XLVII, p. 4567, 4576.

[5] Gaignières, *Chartes div.*, t. I, p. 136 : « J. de Saumur,
cordouennier et varlet de chambre du Roy. » Il signe bellement « Jehan de Saumur. »

[6] Testament orig. en parch. communiqué par M^r le Mis de
Rivoire la Bâtie, 10 août 1435 : «... Nobilis vir Ludovicus
Chapuysii, burgensis et mercator Condriaci, Viennen. dyo-
césis... »

un élu de Roanne, fils d'un notaire et bourgeois de cette ville, qualifié « noble et puissant seigneur Guy de Chastelus[1] ». On peut tenir pour certain que la plupart de ces qualifications nobiliaires, en désaccord avec la position plus ou moins modeste de ceux qui les reçoivent dans les actes, sont l'affirmation d'une situation antérieurement plus relevée, notoire, et généralement d'une extraction noble.

[1] *Preuves,* no 2088.

CHAPITRE XVI

Concorde sociale. — Esprit de réciprocité. — Fusion prospère. — Jeanne Braque, femme d'un marchand. — Le
sire de Montmorency et le drapier Fouchard. — Rapports
entre inégaux. — Les Nobles dans la vie publique. —
Édiles chevaleresques. — Chevaliers fils de bourgeois. —
Nobles vilains. — Nobles manants. — Règne de la courtoisie. — Jeanne d'Arc et son compère. — Le duc de
Rohan et Monsieur d'Assas.

Il n'est pas contestable que l'agrégation des
gentilshommes à la bourgeoisie était plus profi-
table à la concorde sociale, au bien des cités et
de l'État, que la scission des classes et leur iso-
lement empreint d'inimitié. Des rapports nécessaires de la vie commune découlaient naturellement le respect mutuel, l'estime, la réciprocité,
la sympathie, l'affection entre nobles et bourgeois,
et cette fusion prospère aboutissait fréquemment à des alliances qui, dans notre temps de
fausse démocratie, feraient crier au scandale. Je
ne parle pas de telle veuve d'un chevalier de

l'ordre du Roi épousant, en 1581, un marchand boucher [1], ni de tels gentilshommes dénués, mariés à d'honnêtes bourgeoises et vivotant obscurément sur quelque maigre lopin [2] ; mais lisez cette épitaphe de 1568 : « Cy devant gist noble femme Jehane Braque, originaire de Montargis, en son vivant dame de Puyseux et Chastillon sur Loing, et femme d'honorable homme Paschal Perret, marchant de la ville de Sens [3]. » Cette femme d'un marchand, c'était l'arrière-petite-fille de « noble et puissant seigneur monseigneur Jehan Braque, chevalier, seigneur de Sainct Morise sur Laveson, Chastillon sur Loing et aultres lieux, maistre du scel du Roy, » et conseiller du duc d'Orléans [4]. En 1365, Jehanne, fille de Nicolas le Mire, faiseur d'armes et bourgeois de Paris, est mariée à Etienne Braque, trésorier de France, cousin-germain de messire Nicolas Braque, chevalier, époux de Jeanne la Bouteillère de Senlis [5]. En 1205, Robert de Saint-Martin, bourgeois du Mans, est le second époux d'Agnès, veuve de Jean de Souvré, che-

---

[1] Papon, p. 942.

[2] Voy. la *Revue hist. de l'Ouest*, mai 1886, p. 5 et suiv.

[3] *Pièc. orig.*, t. 493, Braque, p. 148.

[4] *Pièc. orig.*, p. 56. — Guillery, p. 9.

[5] Gaignières, *Extr. de comptes*, t. I, p. 177. — *Coll. de Picardie*, t. CLV, p. 349.

valier [1]. Au début du xv° siècle, tel bourgeois marie ses filles aux plus grands seigneurs du royaume [2].

Dans les actes de la vie privée aussi bien que de la vie publique, des bourgeois, des marchands figurent côte à côte avec de hauts gentils-hommes ; c'est ainsi que, vers 1141, Nicolas Fouchard, marchand de draps, est, avec Mathieu de Montmorency et d'autres puissants seigneurs, témoin d'une donation pie faite par le comte de Meulan [3]. Ces rapports entre inégaux, possibles dans une société où la hiérarchie assure à chacun la plénitude de sa dignité propre, ne le sont plus dans un monde en confusion où le respect revêt l'apparence de l'abaissement.

Sous le régime féodal, loin de se cantonner dans les châteaux, les Nobles prenaient une part active à la vie publique ; on les rencontre dans tous les conseils, auprès du Roi, des comtes [4], des évêques [5], et ils s'honoraient de briguer les

[1] *Cartul. de Vivoin*, p. 13.
[2] Monstrelet, p. 161.
[3] *Cartul. du prieuré de Meulan*, fol. 23 :« Testes... Mattheus de Montemorenciaco, Nich. Fulchardus draperius.?. »
[4] Charte de Geoffroy, vicomte de Bourges, 1012 : «... ad quod bonum opus peragendum advocavi nobiles patriæ... » — *Gall. Christ.*, t. II, *Instrum.*, p. 50.
[5] Coll. Moreau, t. IV, p. 69, charte de Cluny, 1060 :«... in-

charges d'édilité. Vibert de la Barre, d'illustre lignage, échevin d'Eu en 1202, fut ensuite maire de cette ville. [1] Etienne Boileau, prévôt des marchands de Paris en 1249, était chevalier et noble de race. [2] On trouve en 1259 des maires de l'extraction la plus haute, [3] et il suffit de jeter les yeux sur l'histoire d'une ville pour constater que les maïeurs et les échevins, aux XIIe et XIIIe siècles, « estoient tous d'ung lignaige », comme dit Froissart. [4] Le maire de Poitiers se qualifiait « premier baron du Poitou », [5] et, encore en 1697, il fallait être gentilhomme pour être premier échevin de Caen [6]. La participation des Nobles à l'administration des villes fut même antérieure à l'organisation de la féodalité, puisque d'un capitulaire de Lothaire il appert qu'au IXe siècle il fallait être noble pour être « scabin » [7].

ter prudentes viros milites... domni Ardradi presulis. » — *Cartul. de l'abb. de Longponi*, B. N. ms. latin 11005, p. 56-57, charte de 1189 : « Testes sunt... Radulfus de Compendio, Scibertus decanus, christianitatis milites. »

[1] Kermaingant, n°s 74, 98.

[2] Rittiez, p. 67.

[3] Saint-Allais, t. III, p. 193.

[4] Voy. notamment l'*Hist. des comtes de Ponthieu et des maieurs d'Abbeville*, par le P. Ignace.

[5] Borel d'Hauterive, t. XXXI, p. 188.

[6] A. du Buisson de Courson, *Rech. nobil.*, p. 233.

[7] Leber, t. V, p. 414, note.

La qualité de « bourgeois » était donc bien loin, sous la féodalité, de constituer une infériorité blessante ; on voit des chevaliers, seigneurs de fiefs, qui sont dits fils de bourgeois [1] ; et surtout, il faut le noter au passage, on ne prenait pas encore en mauvaise part tels vocables auxquels la suite des temps devait attacher un sens de mépris. Les meilleurs gentilshommes portaient, comme sobriquet ou même comme nom, les mots de « vilain » et de « manant ». Sans parler des Vilain, ramage de l'illustre maison de Gand, voici, au XIIe siècle, « Villain de Nuillé, chevalier », [2] et Jean Grosvilain, gentilhomme de Bourgogne ; [3] en 1249, « Hervé dit Grosvillein, écuyer » ; [4] en 1252, Georges Blanc vilain, chevalier. [5] Les nobles damoiselles s'attribuaient

---

[1] Chartes de 1190-1215 : « Garnerius de Pratis, civis Senonensis... Gaufridus miles... » fils dud. Garnier. (*Cartul. de l'arch. de Sens*, t. II, fol. 26-28.)

[2] *Cartul. de N. D. de Larivour*, B. N., ms. latin nouv. acq. 1228, fol. 67 vo, charte de 1195 : « Villanus de Nuille miles. »

[3] Témoin d'une donation à St Etienne de Dijon, avec Guiard de Grancey, Gc d'Orgueil et autres chevaliers de Bourgogne. — *Cartul. de St Etienne*, part. I, p. 111.

[4] Mabille, p. 232 : « Herveus dictus Gros villein, armiger. »

[5] *Cartul. de St-Evroult*, t. II, fol. 85 : « Georgius dictus Blanc vilain, miles. »

le surnom de « Vilaine », [1] qui certes, en ce temps-là, n'avait rien de blessant, pas même pour la coquetterie féminine. Au xi⁰ siècle, Girard le Manant est un des chevaliers du comte d'Anjou, [2] et « Monseigneur Robert le Manant, chevalier », est à la croisade en 1242. [3] En 1557, « Philippes Vigier, escuyer, seigneur de Rocheblon en la seneschaussée de Montmorillon, a déclaré estre exempt (de l'arrière-ban), parce qu'il est *manant* et habitant de la ville de Paris. » [4]

L'enchevêtrement des droits féodaux aidait encore à entretenir la courtoisie ; tel seigneur, par suite du morcellement des fiefs, devait lui-même l'hommage à son vassal, d'une condition inférieure à la sienne ; par exemple, René Gaudin, sieur de la Fontaine et du lieu seigneurial de Montguyon, rendant aveu à « hault et puissant seigneur messire Guy du Bellay, chevalier, seigneur de la Courbe-Raguin, Soulgé-le-Courtin et la Salle, » lui dit : « Sensuyt la desclaration du fief que je tiens de vous et le nom de mes hommes... Et premièrement, vous, mon seigneur,

---

[1] *Coll. d'Anjou*, t. XIII, n° 9906, charte du xi⁰ s. : « Laurentia, cognomento Villana, uxor Turpini de Ramoforti. »

[2] *Marmoutier*, t. IV, p. 103 : « Giraldus Manens. »

[3] *Chartes de l'abb. du Bec*, n° 34 : « Dominis Rob. le Manant miles. »

[4] La Roque, *Traité du ban*, p. 141.

estes mon homme de foy et hommage simple
pour rayson de vostre herbergement du dict
Soulgé le Courtin[1]... »

La courtoisie, en effet, était, après la Religion,
le grand lien social, et comme la préface de
l'estime, de la confiance et de l'affection, entre
nobles et bourgeois. Une des plus grandes
dames de Bourgogne, Jehanne d'Arc, veuve
d'Eudes de Saulx, chevalier, sire de Vantoux,
dit en 1383 dans son testament : « Je institue
mes exécuteurs... mon très cher et féal amy et
compère Symon le Germenet, bourgeois de Dijon[2]. » En 1449, un grand seigneur, Raymond
d'Ortafa, écrivant à un bourgeois de Perpignan,
l'appelle « Très honoré et cher frère [3] ». Le
gracieux mot de « courtoisie », naguère encore
si français, ne résonne, dans ce pays défrancisé
par la révolution et la juiverie, que comme un
terme archaïque, du temps où le duc de Rohan,
de race princière, écrivant à un simple gentilhomme, M[r] d'Assas, terminait ses lettres par ces
mots : « Je vous baise les mains et suys vostre
affectionné [4]. »

[1] *Chartrier de Soulgé-le-Courtin*, Livre II des *Remembr.
de Monguyon*, p. 1.
[2] Dom Plancher, t. II, *Preuves*, p. 282.
[3] B. Alart, *Communes du Roussillon*, p. 57.
[4] Clairambault, t. 301, p. 237-241.

CHAPITRE XVII

Désagrégation et antagonisme. — Plaie vive. — Les Nobles à la campagne. — Ruine et scission progressives. — Statut des tournois. — Le lieu n'anoblit pas l'homme. — Intrusions légales. — Les guerres de religion creusent le fossé. — Pasquier et Blaise de Montluc. — Pillage des armoiries. — Un mot de Ménage. — Trente mille bourgeois blasonnés. — Le duc de Saint-Simon. — Les nouveaux seigneurs de villages. — La vieille bourgeoisie française. — L'honneur ou rien !

Entre deux classes si intimement confondues et se recrutant incessamment l'une dans l'autre, quand et comment la désagrégation a-t-elle pu se produire, engendrer la scission, dégénérer en antagonisme de castes? C'est ce qu'il importe d'indiquer ; nous touchons ici à l'une des plaies vives de la Noblesse.

Déjà, vers la fin du règne de saint Louis, Hugues de Bercy « se plaignait de ce que la Noblesse de son temps quittât les villes pour aller résider à la campagne . » [1] C'est que, ruinés par les croisades, les gentilshommes souffraient cruellement dans leur amour-propre à comparer leur dénûment, fruit de l'héroïsme chevaleresque, à la richesse des bourgeois, fruit du labeur mercantile [2]. C'est là le germe de la scission, germe qui se développe à mesure que s'augmente l'appauvrissement des Nobles, parachevé par la longue guerre contre les Anglais. A la fin du XIVe siècle, non seulement les rangs de la Noblesse sont effroyablement décimés, mais la majeure partie de ses domaines sont passés aux mains des marchands ; de là, un sentiment d'amère envie, que trahit, par exemple, le Statut des tournois, de 1480, interdisant aux gentilshommes de prendre le droit de bourgeoisie dans une ville, sous peine d'être exclus des tournois [3], c'est-à-dire disqualifiés, à peu près dégradés de noblesse par leurs pairs. Toutefois le Statut n'excluait pas les nobles habitant les villes sans y avoir le droit de bourgeoisie. C'était un antique adage que « le lieu n'anoblit

---

[1] Pasquier, *Rech. de la France*, titre II, ch. XVI ; cité par Michaud, t. VI, p. 245, note.

[2] En quelques années, Jacques Cœur acheta plus de vingt seigneuries ou châtellenies « dont la plupart appartenaient auparavant aux plus anciennes familles du Royaume. » (P. Clément, *Jacques Cœur*, t. II, p. 2.)

[3] La Roque, *Traité de la Nobl.*, p. 228.

pas l'homme, mais que l'homme anoblit le lieu »;
sans doute il n'avait pas empêché plus d'un non-
noble, enrichi par le trafic, acquéreur de domaines
plus ou moins considérables, de se faufiler dans
les rangs de la Noblesse; mais, à présent, en vertu
de l'édit des francs-fiefs, ils étaient légalement
envahis, et l'ancienne gentilhommerie recula
devant le flot des nouveaux nobles, qui n'avaient
pas, ceux-là, reçu le sacre de l'épée et ne devaient leur élévation sociale qu'au négoce. Les
mots de « bourgeoisie » et de « trafic », consi-
dérés dès lors comme synonymes, eurent à
l'ouïe des anciens nobles appauvris une asson-
nance d'infériorité sociale; longtemps ils affec-
tèrent de ne vouloir pas être confondus avec les
parvenus gras de leurs dépouilles, parés de
leurs plumes, de leurs titres, de leurs honneurs,
parfois même de leurs noms; désertant les cités,
où leur orgueil souffrait, où leur maigre revenu
n'était plus en rapport avec la cherté de la vie, ils
se confinèrent dans les lambeaux de fief qu'ils
avaient pu sauver du désastre; puis les guerres
de religion, pendant lesquelles les cités étaient
généralement catholiques et les vieux nobles
généralement huguenots, achevèrent d'aigrir les
esprits et de creuser le fossé. Le vocable de
« bourgeois » prit le sens exclusif de « roturier »;

puis les généalogistes royaux achevèrent officiellement la scission. Il semblait, au xvi⁰ siècle, que
l'on ne pût être gentilhomme qu'à la condition
de vivre hors des villes. Pasquier dit expressé-
ment que « ceulx qui veullent estre estimez
nobles à bonnes enseignes, laissent les villes
pour choisir leur demeure aux champs ; tant à
l'occasion que la plus grande partye des fiefz y
sont assis, dont la possession est seulement per-
mise sans réserve aux Nobles, que pour se garan-
tir de l'opinion qu'on auroit qu'ils traficquassent
dans les villes, chose qui obscurciroit leur noblesse ; et, à vray dire, la vie qui approche le plus
près de la militaire en tems de paix est la cham-
pestre [1]. » Plus d'un gentilhomme, et non des
moins qualifiés, se prenait à déplorer les résul-
tats de cette retraite générale des Nobles, résul-
tats dont leur fierté ne s'accommodait pas sans
un regain d'amertume.

« Ha ! Noblesse, lamentait l'illustre Blaise de
Montluc, tu t'es faict grant tort et dommage de
desdaigner les charges des villes ; car refusant
les charges, ou les laissant prendre par les gens
des villes, ceux-cy s'emparent de l'autorité, et

[1] Pasquier, *Recherches*, liv. II, ch. xv. — La Roque,
Traité de la Nobl., p. 233.

quand nous arrivons, il fault les bonneter et leur
faire la cour. Ç'a esté un maulvais avys à ceux
qui en sont premièrement cause [1]. »

La retraite volontaire des Nobles eut pour effet
de faire de la bourgeoisie un corps homogène.
Ce fut alors que les petits bourgeois, à l'exemple
des grands, voulurent avoir des armoiries ; car
la vanité se rencontre à tous les degrés de l'humanité. Ménage, outré de cette usurpation générale, disait qu'avant vingt ans il n'y aurait pas
d'enseigne de boutique qui ne se changeât en
blason ; il est vrai que telle enseigne de boutique, comme le *Château d'or* de Girard de Castille, avait pu commencer par être un noble blason et, par ainsi, ne faisait que retourner à sa
condition première. La mesure purement fiscale,
prescrite par Louis XIV, de l'enregistrement des
armoiries transforma l'usurpation en un droit
qu'acheva de consacrer l'ordonnance royale de
1760, dans laquelle il est dit par Louis XV que,
« suivant un usage qui a prévalu, le port des
armoiries n'est pas borné à la seule Noblesse. »
De 1696 à 1704, environ trente mille bourgeois
firent enregistrer les leurs [2]; à ceux qu'un senti-

[1] *Commentaires*, liv. I, p. 7.
[2] Un « ouvrier en soye » de Saint-Chamond, Jean Jac-
quier, fit enregistrer ses armoiries, *de gueules à 3 croissans*

ment de modestie empreinte de dignité détermina
à s'abstenir, le juge d'armes en impartit d'office ;
Molière eût eu beau jeu pour mettre à la scène
Le blasonné malgré lui. Nous verrons quelque
chose de plus comique encore : le gentilhomme
malgré lui. Peut-être ce blasonnement en masse
de la nation, en même temps qu'il servait à com-
bler les vides du trésor, rentrait-il dans le plan
royal d'égalisation dans les hauteurs, d'élévation
progressive, de fusion des classes. La Noblesse,
il faut le dire, n'y vit généralement qu'une injus-
tifiable usurpation, sanctionnée par un abus de
la puissance souveraine, et ce fut pour elle un
nouveau motif de cette antipathie contre les
bourgeois, qu'elle ne perdait pas l'occasion de
manifester dans l'exercice des droits qui lui restaient [1] ; antipathie dont l'expression se retrouve
presque à chaque page dans les mémoires du
duc de Saint-Simon et d'autres gentilshommes.
Les travers des parvenus, des nouveaux fieffés,
sont le thème ordinaire des sarcasmes de la ran-
cune aristocratique ; leur esprit d'économie, sou-

d'argent. (*Armor. général,* LYON, p. 460.) Qui sait s'il n'était
pas de quelque lignage appauvri ? — Voy. ci-après le chap.
XXIV de cette Introduction.

[1] Notamment aux Etats de 1614. — Cf. A. du Buisson de
Courson, *Rech. nobil.,* p. 139, note 1.

vent poussée jusqu'à la parcimonie et « fleurant la boutique », contrastait singulièrement avec l'esprit de largesse, poussée jusqu'à la prodigalité, de l'ancienne Noblesse. Je m'imagine que les peuples durent plus d'une fois regretter leurs anciens maîtres, surtout lorsque « le nouveau seigneur du village » était de l'acabit de ce marchand enrichi qui, pour don de joyeux avène-ment, ne trouva rien de mieux que de rosser ses vassaux[1], dont il lui en cuit. — Le type de la vieille bourgeoisie française, disparue presque autant que l'antique chevalerie, je le reconnais dans ce bourgeois de Chalon, « Claude Bussillet, huict foys eschevin, une fois maire, troys foys juge des marchants et l'un des aumosniers publics de la ville », et surtout dans sa superbe devise, que l'on croirait contemporaine de la bourgeoisie des temps féodaux, si son épitaphe ne nous faisait connaître qu'il vécut au xvie siècle : *L'hon-neur ou rien*[2] !

[1] Papon, p. 779.
[2] Clairambault, t. CMXLIII, p. 172.

CHAPITRE XVIII

La pauvreté, état coutumier de la Noblesse. — Gautier le
pauvre homme. — Les juifs, les moines et les chevaliers.
Dénûment navrant. — Tavernière de sang princier. —
Misère impériale. — Comment on payait sa gloire. —
Revues de l'arrière-ban. — Séries de gentilshommes
indigents. — Vérité de Mr de la Palice. — Fiefs et domaines saisis.

La pauvreté fut l'état coutumier de la Noblesse
française ; on en recueille maints témoignages
antérieurement même au dénouement des croisades. Vers 1095, un des chevaliers de Jacquelin
de Champagne, faisant une donation aux moines
de Saint-Vincent du Mans, en retient la moitié de
la dîme « à cause de sa pauvreté [1] ». Au même
temps, un autre chevalier, Achard, excepte d'une
donation foncière le tiers de la dîme, à cause,

---

[1] *Cartul. de St Vinc.*, B. N., p. 62 : «... excepta medietate
decime quam predictus miles meus Wido, paupertate dis-
trictus, sibi retinuit. »

dit-il, de la pauvreté qui l'oppresse [1]. En 1209, Milon, seigneur de Sissonne, chevalier, écrasé de dettes, vend, pour les payer, une série de terres et de redevances [2]. L'épithète de « pauvre » se rencontre fréquemment dans les chartes, accolée à la qualité de chevalier, et même elle devint le nom de plusieurs lignages. [3] Des nobles sont surnommés, « Sans avoir », ou « Sans terre », ou « Sans argent », ou « Sans revenu [4] ».

---

[1] *Cartul. de St Vinc.* p. 91 : «... pro angustia... paupertatis que me constringit. »

[2] *Cartul. de Val-le-Roy*, fol. 77 v°-91 r° : « Dominus Milo de Sissonia, cum multo onere debitorum oppressus esset... »

[3] *Coll. d'Anjou*, t. XII, n° 6444, charte de la fin du xie s.: « Johannes Pauper, miles. » — Dom Bouquet, t. XIV, p. 7 : « Hugo Pauper, » fils d'Hugues, comte de Clermont en Beauvaisis. — *Cartul. de Saint Corneille de Compiègne*, p. 250, charte de 1115 : « Hugo Pauper, miles. » — *Cartul. de Clairvaux*, p. 17, ch. de 1179 : « Johannes Pauper, miles. » — *Coll. de Picardie*, t. CLV, fol. 99, ch. de 1190 : « Bernardus Pauper, miles. » — *Coll. d'Anjou*, t. VI, n° 2225, ch. de 1207 : « Robertus Pauper, miles. » — *Coll. de Bourgogne*, t. XIII, fol. 101, ch. de 1218 : « Petrus, miles, cognomento li poivres de Possesse. » — *Coll. d'Anjou*, t. VII, n° 2706, ch. de 1231 : « Geoffroy, dit le pauvre, chevalier, sgr du Plessys Mellé. » — D'Hozier, *Armor. et généal.*, fol. 67, arr. ban d'Anjou en 1470 : « Huguet le Pauvre. »

[4] De Camps, *Nobil. hist.*, t. II, v° Sansavoir : « Galterus Sine habere » ou « Sine pecunia », l'illustre croisé. — « Guillaume Sans avoir, tué dans Rame en 1101. » — *Car*

Voici, en 1230, « Scard de nul fief[1] », et en 1350
« Guillaume Platebourse, chevalier[2] ». Et combien de pauvres parmi les volontaires des guerres
saintes! Lambert le Pauvre, chevalier, est à la première croisade[3]. Richard Forbanni, « voulant aller
à Jérusalem », troque une bonne terre contre une
mule[4]. Nivelon du Plessis chevalier, surnommé
le pauvre, fait une aumône aux moines de Froimont, en 1190, lorsqu'il prend la Croix[5]. Ma-
nassés le Pauvre, chevalier, seigneur de Hez, et
Eustache, son frère, partent pour la Palestine
avec saint Louis[6]. En 1278, « Gautier, chevalier,
dit le pauvre homme, empêché par la maladie
d'accomplir le vœu qu'il avait fait d'aller à Jéru-

---

tul. de *Marmoutier*, t. II, p. 385, ch. de 1142 : « Bertran-
nus sine terra; » t. I, p. 263, ch. de 1177 : « Simon sine
censu, miles »; t. II, p. 33, v. 1200 : « Radulphus sine
avero. »

[1] *Cartul. de Meaux*, non fol., juin 1230 : « Scardus de
nullo feodo. »

[2] Dom Villevieillé, *Trésor*, t. LXVIII, v° Platebourse.

[3] De Camps, t. II, v₀ *Pauper*. — Cf. Dom Villevileile,
Trésor, t. LXVII, v° Pauvre.

[4] *Coll. de Poitou*, t. XIX, p. 126 : «... volens pergere
Hierosolymam... mulam unam... accepi, pro qua... do-
navi.., mansum unum obtimum terre. »

[5] *Cartul. de Froimont*, fol. 5 v° : « Nevelo miles de
Plesseio, cognomento Pauper, iturus Iherosolimam... »

[6] *Cartul. de Froimont*, fol. 11 v°, 14 v° : « Manasserius
Pauper, dominus de Hes, miles. »

salem, » fait un don aux églises de Langres [1].

Les juifs, créanciers âpres [2], s'engraissaient déjà des dépouilles françaises, car on les trouve partout.où il y a des naufrages et des épaves ; les moines, qui sont quelquefois eux-mêmes leurs débiteurs [3], viennent chrétiennement en aide à la Noblesse, pour la dégager des serres judaïques [4]. En 1192, Geoffroy d'Anjou et Désirée, sa femme, vendent de leurs biens « au juif Cresson » [5]. En 1202, la femme et le fils de Vilain de Nuillé, chevalier, vendent des terres pour acquitter ce que leur époux et père doit aux juifs [6]. En 1237, Raoul, avoué de Hérissart, chevalier, vend ses domaines pour cause d'indigence [7]. Après les croisades, le dénûment des Nobles est navrant ; les Rois, à l'exemple de saint Louis [8], s'efforcent

[1] *Gall. Christ.*, t. IV, col. 612. — En 1283, « Gautier lou pauvre homme, chevalier, » est l'époux de Marguerite de Mailly. (*Coll. de Bourgogne*, t. XLI, fol. 158.)

[2] *Anc. évêchés de Bretagne*, t. III, p. 81.

[3] *Cartul. de Saint-Seine*, p. 24. — *Varia ad hist. Brit.*, fol. 123.

[4] *Anc. évêchés de Bret.*, t. III. p. 195-196 et notes.

[5] *Cartul. de St Vinc. du Mans*, B. N., p. 505-506 : «... Cresson judeo... »

[6] *Cartul. de St Vinc. du Mans*, B. N., p. 501 : « Cum Vilanus de Nouile judeis denarios debuisset... »

[7] *Cartul. de Froimont*, fol. 50 v° : « Radulfus, advocatus de Harissart, miles, indigens peccunia... »

[8] Dom Bouquet, t. XXII, p. 592, ann. 1239 : « Milites

de l'atténuer, et c'est une des recommandations ordinaires de l'Eglise que d'être secourable aux « pauvres chevaliers »[1]. Pierre de Montmorin, damoiseau, en 1406, met sa ceinture en gage chez un marchand de Limoges, pour un prêt de 23 écus d'or[2]. En 1445, Evrard de la Marche, damoiseau, dans une « lettre de défiance » au duc de Bourgogne, dit : « Et moy qui suys ung jeune homme povre d'argent.... [3] » Au xve siècle, dit la *Revue Nobiliaire*[4], les familles nobles de Bourgogne étaient presque toutes complètement ruinées; témoin ce Guillaume de la Marche, ancien bailli de Chalon, dont les dettes étaient si énormes que sa veuve, Marie d'Ayne, « pauvre parente et servente du Duc, descendüe et extraicte du sang de Flandre », après avoir tenu un grand état, tomba dans une telle misère que les sergents ne trouvèrent à saisir dans son logis « que le lict où elle gisoit », et qu'on la vit dans sa vieillesse vendre du vin « à taverne », comme un pauvre tavernier, pour s'aider à vivre. La

pauperes donis adjuti... Terricus Torcheboef, pauper miles, de dono [regis], X lib. »
[1] L. Gautier, *La Chevalerie.*
[2] Dom Villevieille, *Trésor,* t. LXI, v° Montmorin.
[3] *Chroniq. de Math. de Coussy,* éd. Buchon, p. 20.
[4] Tome III, p. 209.

misère sévissait jusque sur les plus hauts sommets ; qui ne se rappelle l'horrible pauvreté de
Baudouin, empereur de Constantinople[1] ? En
1339, Catherine de Viennois, princesse d'Achaïe,
pour obtenir d'un boucher de la viande, dut lui
remettre en gage son gobelet d'argent[2]. Et quel
désordre introduit l'appauvrissement dans la
hiérarchie militaire ! Les riches écuyers ont main-
tenant dans leurs compagnies, sous leurs ordres,
non seulement des chevaliers bacheliers[3], mais
même des chevaliers bannerets[4]. Tel gentilhomme, après avoir longtemps combattu comme
homme d'armes, devenu pauvre, retombait au
rang d'archer[5] ; car la gloire, en ce temps-là,
n'était pas plus le sang que l'argent des autres ; il

[1] Michaud, t. V. p. 16-17.
[2] Cantù, *Hist. des Ital.*, trad. franc., t. V, p. 361.
[3] *Montres*, t. II, p. 93, ann. 1387 : « La reveue de J. Fou-
quaut, escuier, de 3 chevaliers bacheliers et de 36 aultres
escuiers de sa chambre. » Page 415, ann. 1388 : « La
monstre de Loys de la Porte, escuier, quatre chevaliers et
14 aultres escuiers de sa compaignie. »
[4] *Sceaux*, t. LXXXVIII, p. 6942, ann. 1415 : « Mre George,
sgr de Clere, chevalier benneret, servant dans la comp. de
Robert de la Porte, chevalier bachelier.
[5] Ban de Saintonge en 1467 : « Geoffroy Gombaud, lequel
souloit estre homme d'armes, a esté receu pour archier,
pour ce que ses chasteaulx ont esté bruslez. » — Comte
Anatole de Bremond d'Ars, *Le chevalier de Méré*, 1869,
in-8o.

fallait payer de sa poche aussi bien que de sa personne pour avoir l'honneur de servir, et les maigres subsides du trésor royal n'étaient pas faits pour conjurer la ruine. Dans les revues de l'arrière-ban, la moitié des Nobles se déclarent sans ressources, incapables de s'équiper et, par suite, de faire service au Roi. Lisez cet extrait de l'arrière-ban d'Anjou, en 1470 :

« Ce sont les noms des gens nobles du ressort d'Angiers... Guillaume d'Ampoigné, aaigé, dict qu'il servira en habit de brigandine si possible luy est, mais qu'il n'a de quoy avoyr habillement, et qu'il a troys de ses enffans en la guerre du Roy. Mathelin de Portebise, ung voulge en sa main, et dit qu'il n'a de quoy avoyr habillement de guerre, et s'il peult avoyr de quoy il se mectra en poinct. Jehan de Quéon s'est présenté en robbe, un voulge en sa main, et dict qu'il n'a de quoy se mectre en poinct. Jehan de Chierzay, en brigandine ; et neantmoings il a affermé par serment qu'il n'a comme riens de quoy vivre et ne tient que en bienfaict. Mathelin de Chargé s'est présenté en robbe, ung voulge en sa main, disant qu'il n'a de quoy avoyr habillement. Jehan de Langies s'est présenté en robbe et dict qu'il a la garde de la place de Lodun et qu'il n'a de quoy avoyr aulcung habillement. Charles de

Rigné s'est présenté en robbe disant qu'il est
eaigé de quatre-vingtz ans, pouvre homme, et
n'a de quoy avoyr shabillement, et qu'il n'a seulement de quoy vivre [1]. » Deux siècles après,
l'Estat des gentilshommes de la sénéchaussée de
Dax, ban et arrière-ban (1689-1692), contient
ces mentions : « M. d'Abesse, pauvre ; son fils
vient de quitter les gardes du Roy ; son père ne
pouvoit l'entretenir. — M. de Six, pauvre... » ;
et plus loin, une série de « gens tenant fief et
vivant noblement » sont désignés comme étant
« pauvres et hors d'estat de servir, ne pouvant
faire d'équipage [2]. »

C'était une vérité... de Mr de la Palice que cette
malice de La Bruyère : « Il y a des gens qui
n'ont pas le moyen d'être nobles. » Pas plus que
l'âge, l'infirmité ne dispensait le Noble du service
de guerre ; l'impotent envoyait un remplaçant
valide et bien en point. [3] Aux comparants qui

[1] D'Hozier, *Armor. et généal.*, fol. 43 r°-v°. — *Brigandine.*
haubergeon ou cotte de maille des soldats. *Voulge* ou
vouge, épieu de vènerie à large fer.

[2] Baron de Cauna, *Armorial des Lannes*, t. I, p. 25,26.
— O. de Poli, *Rech. sur la fam. de St Vincent de Paul*, p.
9, note 1.

[3] La Roque, *Traité du ban*, p. 116, *Monstre des nobles du
baill. de Caux*, en 1470 : « Pour G. Louvel, ancien et impotent, se présenta G. Louvel, armé de brigandine, sallade,
arc et trousse. »

n'étaient pas « en souffisant habillement » ou
« souffisamment montés », ou équipés « deument
selon leur richesse », ou que le commissaire
aux revues jugeait « non souffisamment en poinct
selon la qualité de leur terre [1] », comme aussi
aux « deffaillans », on saisissait impitoyablement
« tous leurs fiefz et héritaiges », et « tous les
fruiz » en étaient « cueillis au proffict du Roy [2] ».
Ceux dont l'indigence était notoire et constatée
pouvaient être exemptés de servir [3]; mais quelle
douloureuse humiliation ! A la fin du XIIIe siècle,
les commissaires royaux usaient fréquemment
d'indulgence ; mais, dans les siècles suivants,
leur rigueur s'accrut en proportion de l'appauvrissement des Nobles, qui, presque tous, eûs-
sent pu légitimement exciper de leur dénûment.

---

[1] *Coll. de Picardie*, t. LXVIII, fol. 221-222, *Monstre des
nobles de l'archidiaconé de Dynan*, en 1472.

[2] La Roque, *Traité du ban*, p. 117.

[3] Ainsi, en 1270, furent renvoyés avec cette mention, *pauper est*, de nombreux écuyers du bailliage d'Orléans : J.
Bocher, Ph. de Lisserville, Huguelin de Montréal, Pierre de
Boigne, G. d'Ozereau, Odin de la Porte, etc. — *Ibid.*, p.
78-79.

CHAPITRE XIX

Appauvrissement forcé. — *Crescite et multiplicamini.* — Guehedin Chabot. — Les vingt enfants de Claude de Cremeaux. — Les quatorze fils de Gervais Auvé. — Causes de ruine. — Charges du service militaire. — Abdications nobliaires. — L'état de noblesse, obstacle à la fortune. — Les gentilshommes n'étaient exempts d'aucune sorte d'impôts. — Le comte Louis de Frotté. — Les grands pauvres. — Paysans nobles. — Les Braque et les Allard. — Gentilshommes laboureurs. — Rabelais et la Bruyère. — Tout est adieu, tout est à Dieu !

Cet appauvrissement procédait, en partie, du grand nombre d'enfants, qu'il fallait élever, équiper, apaner, ou doter à chaque génération ; le patrimoine féodal se morcelait, s'en allait en miettes. Le précepte évangélique, *Crescite et multiplicamini*, n'étant pas encore lettre morte, telle famille comptait dix, quinze, vingt enfants. [1]

Le pape Urbain IV, en 1263, autorisa les reli-

---

[1] Voy. mes *Rech. sur la fam. de Saint Vinc. de Paul*, p. 11.

gieuses de N.-D. de Soissons à recevoir, bien que leur nombre fût au complet, Alix de Bernot, jeune fille lettrée, fille d'un chevalier « appauvri par la multitude de ses enfants ». [1] En 1392, Charles VI octroie des lettres de rémission à « Guehedin Chabot, chevalier, chargié de femme, de six filz et de troiz filles, poure et misérable personne [2] ». Claude de Saint-Georges eut vingt enfants de Marie, sa femme, fille de Claude de Cremeaux d'Entragues et d'Isabeau d'Urfé. [3] Gervais Auvé eut au moins quatorze fils de Guillemette de Vendôme [4]. Un gentilhomme dauphinois, Mr de Vallier, avait sept fils et sept filles vivants, lorsque la pauvreté le força de recourir à un expédient dont je parlerai dans un instant. Mais la multiplicité des rejetons n'était pas l'agent le plus actif de la ruine des Nobles ; parmi tant d'enfants, d'ailleurs, il se pouvait

---

[1] *Coll. de Picardie*, t. CXI, fol. 86 : « Cum dilecta in Christo filia Aelidis, puella litterata, nata Americi de Bernoc, militis, qui gravatus est multitudine filiorum... »

[2] Arch. Nat., *Trésor des Chartes.* JJ. 142, N° 90.— Guehedin Chabot, de l'illustre maison de ce nom, était un des plus preux chevaliers de son temps ; il avait été plusieurs fois guerroyer contre les Sarrasins, ce que relatent avec d'autres vaillantises les lettres royales de rémission. — Voy. la revue *La Terre Sainte*, n° 230, 1er février 1885.

[3] *Doss. bleu* 7907, Saint-Georges, p. 2.

[4] *Pièc. orig.*, t. 148, Auvé, p. 31.

qu'un d'eux fît à la guerre ou à la cour quelque
merveilleuse fortune, et qu'ensuite il aidât tous
les siens à monter ; le salut, par cette voie, était
problématique ; la ruine, par l'exercice même
de la noblesse, était à peu près certaine ; car,
pour une famille qui voyait grandir sa chevance,
il y en avait mille qui sombraient fatalement sous
les charges du service militaire. Ces charges
étaient si lourdes que, le produit des terres ne se
trouvant plus en équilibre avec les obligations
qu'en comportait la possession, beaucoup de
Nobles, notamment en Champagne, préférèrent
remettre leurs fiefs aux mains de leurs suzerains,
et se dégager aïnsi de devoirs qu'il ne leur
était plus possible de remplir. [1] « Si les avantages
de la Noblesse, écrivait vers 1695 le comte de
Boulainvilliers, étaient bornez, par l'idée cor-
rompue que l'on s'en forme aujourd'huy, à la
seule jouyssance des privilèges dont elle est en
possession, le titre de noblesse ne serait pas un
objet bien désirable ; on le pourrait au contraire
regarder *comme un obstacle aux biens de fortune.* » [2] Et plus loin, traitant du service de l'arrière-ban, il formulait une déclaration signifi-

---

[1] Brussel, *Traité des fiefs.*
[2] *Essais sur la Nobl.*, p. VI.

cative et radicalement contraire à l'idée qu'on se
forme généralement des privilèges nobiliaires :

« L'obligation où les Nobles étaient autrefois
de marcher à l'armée en conséquence de leurs
possessions féodales, a été convertie en une obligation personnelle de servir à l'arrière-ban pour
la conservation du privilège de l'exemption des
tailles, supposant une espèce de partage des
charges onéreuses de l'Etat, par lequel l'ordre
populaire est soumis à payer les taxes et les
impositions, pendant que la Noblesse est obligée
de défendre la patrie ; mais ce partage est une
fiction , puisque *les gentilshommes ne sont
exempts d'aucune sorte d'impôts.* » [1]

« La Noblesse, — écrivait le comte de Frotté
dans le canevas de ses *Mémoires*, — servit per-
sonnellement, et en général gratis, pendant
longtems ; et depuis Louis XIV, sous lequel les
armées françaises prirent tout à fait une forme
régulière et où l'on assigna des appointemens à
tous les officiers, ces appointemens furent toujours les plus faibles de toute l'Europe et très
insuffisans pour soutenir la Noblesse au service.
En général, la Noblesse française ne calculait
pour rien son traitement ; elle mangeait, com-

---

[1] *Ibid.*, p. 256-257.

munément, au service du Roy, ses revenus et souvent ses fonds, sauf les gentilshommes qui n'en avoient plus, leurs pères les ayant dissipés, lesquels alors, s'ils obtenoient du service, étoient obligés d'en subsister. » [1]

La Noblesse, dit excellemment Mr G. d'Orcet dans un livre plein de charme et tristement instructif,[2] « la Noblesse payait chèrement les maigres privilèges dont elle jouissait, et n'avait pas comme aujourd'hui le droit de fumer son écusson par de riches mésalliances. Ce monopole si vanté de certains grades subalternes dans l'armée et dans la marine, de certains bénéfices dans les chapitres nobles ou de commanderies dans l'Ordre de Malte, elle devait l'acheter *au prix d'une pauvreté éternelle et irrémédiable*, et, si c'était dur pour elle, c'était bon pour le pays : les gentilshommes d'autrefois avaient l'âme et l'honneur plus solidement chevillés dans le cœur que les autres. » Plus loin, l'auteur nous fait assister à une de ces navrantes scènes de misère, si communes autrefois, en Auvergne et un peu partout, dans les sphères de la Noblesse militaire, et qui furent l'envers de sa gloire. « Mon père, dit le

[1] L. de la Sicotière, *Un chap. de l'Hist. de Frotté*, p. 6, note 4.

[2] *Les grands pauvres*, p. 10.

chevalier de Montgrion, était si pauvre quand il rentra dans son nid d'aigle avec sa croix de chevalier de Saint-Louis! Tous les toîts s'étaient écroulés, les rentes avaient été aliénées, il ne restait plus au château de Montgrion que ce qu'on nommait jadis le vol du chapon. Il se fit construire une chaumière à quelques pas des ruines de son manoir. Nous vécûmes du colombier, du gibier de la montagne et du peu que nous pouvions ensemencer avec une paire de vaches laitières. » [1] Ce tableau de décadence est pris sur le fait ; plus d'un preux d'antan s'y fût reconnu, et combien d'humbles paysans n'eussent pas voulu troquer leur position contre celle de ce « cousin du Roi » !

Chorier, parlant des Bouillane et des Richaud, anoblis en 1475 pour un trait de courageux dévouement, dit : « Ce sont de pauvres gentilshommes à qui la noblesse est *un obstacle à toute meilleure fortune.* » Plus d'un siècle après le temps où l'historien du Dauphiné formulait cette appréciation, en 1788, aux États Généraux de Romans, on vit siéger quatorze Bouillane et vingt-sept Richaud, « la plupart en habit de paysans,

[1] *Ibid.*, p. 11-12.

portant fièrement de vieilles et longues rapières rongées de rouille. » [1]

« Une tradition, dans la branche des Courtin du Plessis, veut que, dans un tems dont elle ne fixe pas l'époque, vint à Nogent un Courtin (on ne dit point d'où), lequel vit Mr Courtin de la Bourbonnière et luy proposa d'entrer dans les poursuytes qu'il vouloit faire d'une réhabilitation, — à quoy Mr de la Bourbonnière ne voulut entendre, *la noblesse n'estant alors un advantage si prétieux ny si ambitionné qu'aujourd'huy*, parce qu'en le balanceant avec la gehenne dans le genre de vie et les autres charges, dont la sujection à l'arrière-ban n'estoit pas la moindre, on préféroit volontiers la liberté, les sujections et de foibles impôts qu'on envisageoit comme moins onéreux. » [2]

« De toutes les conditions, est-il dit dans les *Mémoires* du comte de Rochefort, il n'y en a point de si malheureuse que celle d'un gentil-homme. » [3] Les mêmes doléances se retrouvent, comme une antienne de misère, dans la plupart des mémoires de gentilshommes ; relisez, par

---

[1] G. de Rivoire, p. 97, 608.

[2] *Essay*, p. 20.

[3] G. des Courtils, seigneur de Sandras, *Mém. du comte de Rochefort*, 1713, p. 399.

exemple, ceux du maréchal de Montluc et du comte de Montrésor ; même lorsqu'ils parviennent à de hauts emplois, que de déboires, d'écœurements, de dépenses ruineuses ! Si l'état de noblesse fut un privilège, il faut reconnaître que ce fut un privilège à rebours.

« *Il est sans exemple*, écrivait un généalogiste, en 1685, qu'aucune famille du Royaume qui fait profession des armes ayt pu longtems soutenir son élevation sans les bienfaicts du Souverain. » [1] La maison de Braque, à laquelle il appliquait cette observation, peut être présentée comme un type d'alternatives de grandeur et d'abaissement ; les mêmes vicissitudes se constatent dans l'histoire de la plupart des anciennes familles, et l'histoire que j'écris en fournit plus d'un exemple.

« Le premier titre que l'on trouve de la famille de Braque est de 1009, sous Robert, lequel n'a point de suite jusqu'à un autre de 1144, sous Louys le jeune, qui n'en a point aussy jusqu'à celuy de 1211, sous Philippe-Auguste, qui est suivy jusqu'à présent (1685). » [2] — Arnoul Braque, chevalier, vivant en 1211, époux d'Erim-

[1] Guillery, *Maison de Braque*, p. 2.
[2] *Ibid*, p. 9.

berge de Beaumont, avait été à la croisade avec
Mathieu, sire de Montmorency (1189). Cent et
quelques années après, les Braque sont bourgeois de Saint-Omer,[1] puis de Paris. Arnoul
Braque, fils d'Amaury Braque et de Jehanne
de Montmorency, bourgeois de Paris, reçoit en
1339 de Philippe VI des lettres de noblesse.[2] Ses
frères et ses fils sont, les uns bourgeois de Paris
et changeurs, c'est-à-dire banquiers, les autres
maîtres des comptes du duc de Normandie, trésoriers de France, conseillers et maîtres d'hôtel
du Roi, trésoriers des guerres, sergents d'armes,
écuyers des princes.[3] Nicolas Braque, chevalier,
fils aîné de l'anobli ou plutôt du réanobli, « maistre d'hostel du Roy et général conseiller de nostre dict seigneur sur le faict de la guerre », com-
battit aux côtés de Jean II à Poitiers et fut pris
par les Anglais avec son prince ; en 1358, pour
parfaire sa rançon, qui lui coûta la vente de ses
terres, le Roi lui fit don de deux mille deniers
d'or. Il fut un des ambassadeurs chargés de né-
gocier la paix avec les Anglais. Le 3 septembre
1387, « Monseigneur Jehan Braque, chevalier,
sire de Coursy, maistre de l'hostel des eaux et

[1] Demay, *Sceaux d'Artois.*
[2] Arch. Nat., *Trés. de: chartes*, J. 73, fol. 9 v°.
[3] *Pièces orig.*, t. 493, Braque, p. 2-30.

forestz du Roy nostre sire, et Madame Jehanne
de Coursy (Courcy) [1], sa femme, exposent que
durant le mariage de Noble homme Monseigneur
Nicolas Braque, chevalier, seigneur de Chatillon
sur Loing et de Sainct Maurice sur Laveson,
père dudict Monseigneur Jehan, avec feue Madame Jehanne la Bouteillière, sa femme, auparavant veuve de Monseigneur Guillaume de Coursy,
chevalier, père et mère de ladicte dame Jehanne
de Coursy, ils avoient esté obligez de faire *quantité de grosse debtes pour soutenir les despenses
de plusieurs services que ledict seigneur Nicolas
Braque avoit rendus à quatre roys ses maistres.*» [2]
Les dettes énormes, contractées pour avoir l'honneur de servir son prince et sa patrie, tel est le
lot ordinaire du gentilhomme. L'arrière-petite-
fille de l'ambassadeur, l'héritière d'un lignage
allié aux Courtenay, aux Montmorency, aux Châtillon, aux Coligny, aux Stuart-Aubigny, Jehanne
Braque, épouse un marchand de Sens. [3]

« La vie est une révolution continuelle où les
uns montent de la pauvreté aux richesses, et les
autres descendent des richesses à la pauvreté,

[1] Voy. sur cette illustre maison le chapitre suivant.
[2] Guillery, p. 18-19.
[3] *Pièces origin.*, t. 493, Braque, p. 148. — Voy. ci-dessus
le chap. XVI, p. 31.

n'y ayant rien qui soyt stable au monde ; d'où il faut inférer que la Noblesse abattue se peut relever, et celle qui est élevée par la bonne fortune peut aussy tomber dans la décadence. » [1]

Dans les « Faictz de généalogie » articulés devant la Cour des Aides, en 1650, par « Pierre Allard, escuyer, sieur du Fieu, conseiller du Roy, lieutenant particullier assesseur criminel au bailliage et siège présidial de Montbrison, controlleur général des finances en la générallité de Lion, demandeur en entherinement de lettres de reabilitation à noblesse par luy obtenues le 9 aoust 1646. », il est dit « que Pierre Allard et ses descendans sont demeurés à Mezilliac, les descendans de Gabriel Allard à Montvendre en Daulphiné, et Louys Allard se retirast en Forests au lieu de la Grange de Leuvre, y fust marié, vescust noblement, portoit les armes pour le service du Roy, est mort investy des dignitez et quallitez requises à noblesse ; que de Louys Allard est issu Denys Allard, ayeul du demandeur, lequel porta les armes quelque temps, [2] *et n'ayant pas eu le moien*

---

[1] La Roque, *Traité de la Nobl.*, p. 351,

[2] « Denys Allard » figure, en effet, le 10 juillet 1525, comme archer, dans la « revue de 57 hommes d'armes et cent archiers du nombre de 60 lances fournyes des Ordonnances du Roy, estans soubz la charge et conduicte de

*de subvenir à la despence requise et nécessaire pour
le maintien de sa noblesse* et de celle de ses prédécesseurs, *son père ayant laissé de grandes debtes
à cause de la despence qu'il avoit faict pour le
service du Roy*, fust reduict à faire commerce de
marchandises, et en iceluy a tousjours vescu et
s'est comporté assez honnorablement.... » [1]

« La plupart des maisons en France, disait
Vigneul de Marville, se font par le négoce ou
par l'usure [2] ; elles se maintiennent quelque
temps par la robe et s'en vont par l'épée. Un
seigneur mange son bien à l'armée ; ses enfants
chargés de dettes défendent le terrain encore
quelque temps par les procès ; les châteaux deviennent des masures, et leurs descendants labou-
rent la terre. » [3] Nous voyons, en effet, qu'en
Provence le dernier rejeton de la très illustre
maison de Porcelet, marquis de Maillane et souverains de Morville, — en Berry, des Monchy,

M[r] d'Ars ». (Clairambault, *Sceaux*, t. VI p. 305.) — « Honneste Denys Allard, marchant de Sainct-Estienne de
Furan », y fait un acquêt, le 12 juin 1566. (Chartrier de
Beauvoir, N° 627.) — « Noble homme Denys Allard, escuier,
demeurant en sa maison à Sainct-Estienne de Furan », y
fait un autre acquêt le 29 avril 1572. (*Ibid.*, N° 854.)

[1] *Ibid.*, N° 822, liasse.

[2] Le change ou la banque.

[3] *Mélanges d'hist. et de littérature*, éd. 1779, t. II, p. 279.

qui ont des maréchaux de France, ducs et pairs,
— en Auvergne, des Scorailles, dont était la du-
chesse de Fontanges, avaient quitté l'épée pour
la charrue. Chaque province et presque chaque
vieille race pourraient citer de ces écroulements. [1]
Quelle maison plus illustre que celle de Villiers
de l'Isle-Adam, le dernier grand-maître de Rho-
des? Au xviie siècle, « elle est tombée dans une
si grande misère, dit encore Vigneul de Marville,
qu'on a vu, ces années dernières, à Troyes en
Champagne, l'un des descendants de sa maison
réduit à charrier de la pierre pour avoir de quoy
nourrir son père... J'ai ouy dire à Mr de la Galis-
sonnière, conseiller d'Etat, que lorsqu'il estoit
intendant de Normandye, il avoit trouvé dans la
recherche de la Noblesse qu'un des plus anciens
gentilshommes de cette province et des plus
qualifiés estoit réduit à labourer sa terre pour
subsister. » [2] Nous verrons ci-après plus d'un
autre exemple de ces décadences cruelles, fatalement terminées par une complète déchéance.

« Une famille élevée vient-elle à décroître, dit
Mr le marquis de Belleval, elle roule sans s'arrê-

---

[1] Voy. ma notice sur la maison d'Arc, dans la revue *La
Terre Sainte*, 15 janv. 1885, et mes *Rech. sur la famille de
Saint Vincent de Paul*.

[2] *Mélanges*, t. I, p. 308.

ter jusqu'au bas de la pente. » Et il cite : les
d'Amerval, issus des comtes de Boulogne, et les
de Bernard, qui finirent dans la roture ; les
Gueschard, d'ancienne chevalerie, qui vivaient
« dans une chaumière du village dont leurs
ancêtres avaient été les maîtres pendant des
siècles, et n'avaient d'autre ressource qu'une
petite pension que leur faisait une famille jadis
alliée à la leur » ; les Desforges de Caülières, issus
d'Adam des Fourges, écuyer, seigneur de Char-
ville-lès-Givet, vivant au xvᵉ siècle, qui avaient
contracté des alliances magnifiques et occupé de
grandes charges militaires. « Après avoir mené
le plus grand état de maison, le vicomte de Cau-
lières ne laissait à son fils que le souvenir de ses
prodigalités et de ses splendeurs. Ce fils, pauvre,
épousa sa servante et mourut, laissant treize
enfants... Aucun d'eux n'a tenté de s'arracher
à l'obscurité qui les envahit. » [1]

« Je pense, dit Rabelais avec philosophie, que
plusieurs sont aujourd'huy empereurs, roys, ducs,
princes en la terre, lesquels sont descendus de
quelques porteurs de rogatons ou de coustrets,
comme au rebours plusieurs sont gueux de l'hos-
tière, souffreteux et misérables, lesquels sont

---

[1] *Lettres sur le Ponthieu*, p. 415-422.

descendus de sang et ligne de grands roys et empereurs. » [1] — « Il y a peu de familles dans le monde, dit La Bruyère, qui ne touchent aux plus grands princes par une extrémité, et par l'autre au simple peuple. » Georges Dandin, sermonnant son fils, dans la comédie des *Plaideurs*, déborde de dédain bourgeois pour la noblesse pauvre :

Qu'est-ce qu'un gentilhomme ? Un pilier d'antichambre.
Combien en as-tu vu, je dis des plus hupés,
A souffler dans leurs doigts dans ma cour occupés,
Le manteau sur le nez ou la main dans la poche,
Enfin, pour se chauffer, venir tourner ma broche ?
Voilà comme on les traite ! . . . . . .

Si l'on écrit jamais une histoire du paupérisme, il y faudra faire une large place à la Noblesse, la place d'honneur. Déchoir ainsi, pour avoir sacrifié tout à son Dieu dans les guerres saintes, à son Roi dans les guerres civiles, à sa Patrie dans les guerres nationales, à ses croyances, à ses traditions, au devoir et au prestige de sa classe, ce n'était pas perdre sa noblesse, c'était l'affirmer, la rehausser même, et ce serait une ingratitude ignoble, une criminelle sottise que de marquer d'une tare les races ainsi tombées. *Heu ! fuimus*

[1] *Gargantua*, liv. I, chap. I.

Troës! pouvaient-elles dire sur les ruines de leur grandeur ; et comme on comprend bien, après ce tableau de misère, cette devise de résignation inscrite sous le blason d'une ancienne tapisserie : *Tout est adieu, tout est à Dieu !* [1]

[1] Clairambault, t. CCCX, fol. 14 v°.

CHAPITRE XX

A l'aventure. — Un varlet devenu roi. — Fortunes extraordinaires. — Guillaume Coquillart. — Chevaliers anoblis.
— Valet cordonnier devenant grand trésorier. — Balthazar Pina et Jean le Blanc. — Coup de balai de la
Vérité. — Déclaration de Louis XVIII en 1800. — Noblesse
militaire. — Fraternité du loyalisme et du patriotisme. —
Comment jadis on s'anoblissait soi-même. — Mesure
paternelle.

Au moyen âge, les jeunes gentilshommes à
l'escarcelle légère partaient à l'aventure, avec
l'espoir de faire quelque merveilleuse fortune à
la guerre ou dans les cours, d'énamourer et
d'épouser quelque gente princesse aux cheveux
d'or et aux yeux pers, comme dans les romans
de chevalerie. La chronique des temps féodaux
fournit maints exemples de ces élévations prodi-
gieuses. Baudry le Teutonique, étant venu à la
cour de Richard II, duc de Normandie, « suivant
l'usage des anciens chevaliers, qui alloient, par-

tout où se faisoit la guerre, offrir leurs services aux souverains », reçut de la munificence de ce prince des domaines considérables et fut l'auteur de l'illustre maison normande de Courcy. [1] Un « varlet » du comte de Poitou, Guy de Lusignan, était devenu roi de Jérusalem. [2] L'histoire des croisades, en regard de trop nombreuses ruines, relate çà et là d'autres fortunes extraordinaires. [3] C'était à qui se rangerait sous la bannière des princes renommés par leur inclination à récompenser les prouesses par des libéralités « tant d'or que d'argent, dit Froissart, car c'est le métal par quoy on acquiert l'amour des gentilshommes et des pôvres bachelliers. » [4] Ce chroniqueur de la chevalerie nous apprend que le rêve de tout écuyer était de faire, sur le champ de bataille, quelque grand prisonnier, dont l'énorme rançon lui servît à chausser les éperons de chevalier. Oudard de Renti, ayant fait prisonnier un chevalier anglais, « le rançonna bien et grant ». Quand partit le sire de Barclay, fait prisonnier par un écuyer picard, « il paya six mille nobles d'or, et devint le dict escuier chevallier, pour le grant profict qu'il

[1] *Doss. bleu* 5583, Courcy, p. 6.
[2] D'Ault-Dumesnil, *Dict. des Croisades*, p. 41.
[3] Michaud, t. I, p. 120, note 2 ; p. 451, note ; p. 491.
[4] *Chroniq.*, t. I, p. 8.

eut de son prisonnier. » ¹ Guillaume Coquillart fait ainsi parler « les armes » :

> Fay-je pas ung simple escuier,
> S'il scet bien les armes conduyre,
> Tout incontinent chevalier
> Que chascun l'appelle messire ? ²

Les non-nobles eux-mêmes faisaient à la guerre de splendides fortunes, comme ces deux frères, l'un et l'autre parvenus au rang de chevaliers lorsque le duc de Bourbon, en 1334, les anoblit en leur donnant par surcroît son nom et ses armes ; ³ preuve éclatante que sous « l'ancien régime », il n'était pas nécessaire d'être de noblesse pour sortir de la foule par le chemin de l'honneur. C'est un point d'histoire sociale à toucher incidemment, à cette fin de donner le coup de balai de la Vérité, de la Justice aux préjugés, aux mensonges accumulés par certaine école pour masquer aux yeux du peuple les bienfaisantes splendeurs de la Monarchie traditionnelle.

---

¹ La prise du comte de Tancarville et du connétable Raoul de Nesles rapporta cent mille moutons d'or à Thomas Holland. — Froissart, t. I, p. 352 ; t. II, p. 58, 431.

² *Blazon des armes et des dames*, éd. Coutelier, p. 26.

³ Huillard-Bréholles, Nᵒ 2041.

Voici, en 1427, « Pierre Baille, qui avoit esté vallet cordouanier à Paris, et puis fut sergent à verge, et puis recepveur de Paris, et lors estoit grand trésorier du Mayne. »[1] Plus tard, voici « le fils d'un pauvre boullanger, et frère d'un boullanger, devenu chef de la régie des Aydes, riche et considéré, le plus grand travailleur des fermes. »[2] Balthazar Pina, de simple soldat, arriva par sa bravoure au grade de capitaine et fut anobli en 1591 ; son arrière-petit-fils fut créé marquis de Saint-Didier.[3] Jean le Blanc, de simple gendarme dans la compagnie du connétable de Lesdiguières, devint capitaine de ses gardes, fut anobli en 1602 et reçut pour armoiries un semé de piques d'or en champ d'azur, avec cette belle devise : *L'honneur guide mes pas.* Un de ses deux fils épousa Geneviève d'Agoult, d'une des plus illustres maisons de la Provence.[4] Hector Caton, major au régiment de Lorraine dès 1636, fut anobli en 1645 pour sa valeur éprouvée.[5] Faut-il rappeler que le chevalier Paul, lieutenant-

[1] *Journal d'un bourgeois de Paris*, XVe siècle, éd. Buchon, p. 674.

[2] *Pièc. origin.*, t. 1490, Haudry, p. 43.

[3] G. de Rivoire la Bâtie, p. 525.

[4] A. de Terrebasse, *Salvaing de Boissieu*, p. 116.

[5] G. de Rivoire, p. 724.

général et vice-amiral de France sous Louis XIII, était fils d'une blanchisseuse; Fabert, maréchal de France sóus Louis XIV, fils d'un typographe ; Catinat, maréchal de France, et Duguay-Trouin, fils de bourgeois ; Saint-Hilaire, lieutenant-général sous Turenne, fils d'un savetier; Chevert, lieutenant-général sous Louis XV, fils d'un bedeau ?

« Voulant, déclarait Louis XVIII en 1800, assurer à la profession des armes, véritable origine de la Noblesse, toute la considération qui lui est due et que l'esprit national y attache, j'abolirai les deux règlements aussi injustes qu'impolitiques, dont l'un affectait à la naissance les places d'officiers, et l'autre confinait dans le grade de lieutenant le soldat que son mérite seul y avait élevé ; car je n'oublie pas que parmi les Condé, les Turenne, les Luxembourg, la Monarchie a produit des Fabert, des Catinat, des Chevert, et que la révolution même lui en donnera de nouveaux, non moins propres à illustrer ses armes. » [1]

Louis XVIII condamnait des règlements « aussi injustes qu'impolitiques », innovés, sous le règne

---

[1] O. de Poli, *Louis XVIII*, p. 181 ; instructions secrètes envoyées de Mittau, le 20 février 1800, par le Roi à ses agents en France.

de son infortuné frère, par un ministre de la
guerre plus zélé qu'habile, et qui mettaient à néant
le sage édit de 1750, portant création d'une noblesse militaire, ouverte à tous les services ; on
peut dire que ce fut la seule injustice que
Louis XVI sanctionna de sa signature ; mais il
en appert sans conteste qu'auparavant tous les
grades étaient à la portée du mérite. En effet,
dans les fastes des régiments d'autrefois, on voit
les officiers de fortune, dans la noble fraternité
du loyalisme et du patriotisme, marcher côte à
côte avec les gentilshommes de vieille roche ;
les noms obscurs confondus avec les plus écla-
tants, et tous les officiers, patriciens ou non, ne
connaissant d'autre rivalité que l'émulation de
l'héroïsme. [1] Cette chevaleresque émulation entre
nobles et bourgeois, notre temps l'a revue dans
la douloureuse guerre de 1870, et c'est d'un
heureux augure pour la réconciliation si désirable
des classes, pour l'avenir de la société française,

---

[1] O. de Poli, *Royal-Vaisseaux*, p. 2-3, et p. 47 : « L'histoire des Potier serait l'éclatante réfutation du mensonge
révolutionnaire qui fait de la Noblesse sous la monarchie
une caste fermée, et la glorification de ce régime vraiment
national qui s'appliquait à tirer de la foule les Colbert, les
le Tellier, les Potier, tous les mérites, pour les porter à la
cime sociale comme un fécond exemple, un superbe encou-
ragement. »

pour la restauration de notre commune patrie.

Jusque vers le milieu du xiv° siècle, on s'anoblissait soi-même, par la profession des armes ;
militia nobilitat était un axiome courant ; [1] preuve
nouvelle que la Noblesse n'était pas un corps
exclusif et fermé. Au demeurant, la mesure de
n'admettre que le moins possible de non-nobles
dans les grades était une mesure paternelle :
c'était pour ne pas surcharger le peuple par
suite d'exemptions d'impôts ; car autant de non-
nobles dans les grades, autant d'exempts, autant
d'aggravations de charges pour la masse des
contribuables, et les villes étaient les premières
à réclamer contre la multiplicité des exemptions.
Ce fut pour ce motif que Louis XIV supprima
l'une des deux compagnies de cent gentilshommes,
et Louis XV celle qui restait, « pour diminuer
d'autant les privilèges, qui sont toujours à la
charge de nos sujets ». [2]

[1] Tiraqueau, *De nobilitate*, cap. viii.
[2] Édit de septembre 1724. — Clairambault, t. DCCCXVII,
fol. 137.

CHAPITRE XXI

Comment on luttait contre la ruine. — Ecuyers de cuisine,
maçons généraux, gouverneurs des chiens. -- Les Montholon et les Lamoignon. — Avocats gentilshommes. —
Avocat et homme d'armes. — Le barreau menait aux
honneurs. — La savonnette à vilain. — Procureurs nobles. — Les Thumery. — Notaires et tabellions. —
Ecuyers et notaires. — Boutique, puis étude.

Pour quelques-uns que la guerre élevait ou
enrichissait, les obligations militaires, inhérentes
à l'état de noblesse, étaient la ruine pour la plupart des gentilshommes. Que pouvaient-ils faire
pour maintenir leur situation, pour parer aux ca-
tastrophes ?

Les plus favorisés entraient dans la maison du
Roi ou des princes, ne répugnant pas même à des
offices auxquels, avec les idées modernes, il semble difficile d'accorder un caractère de noblesse ;
ou bien ils briguaient les charges publiques, militaires ou civiles : gouverneurs, baillis, prévôts,

gardes-du-scel, verdiers, sergents royaux, trésoriers, vicomtes-receveurs, avocats du Roi, grenetiers des greniers à sel, chevaucheurs, etc. C'est ainsi qu'en 1309 Pierre de Hangest est bailli de Rouen ; en 1369, un Gontaut, trésorier de Louis, duc d'Anjou ; en 1393, Jehanin de Rochefort, chevaucheur du Roi ; en 1404, Jehan Aubelet, « sergent d'armes du Roy nostre sire et maçon général de mon dict seigneur » ; en 1415, Godefroy de Barville, « advocat du Roy nostre seigneur en la vicomté du Pontautou », et son sceau porte un écu penché, timbré du heaume chevaleresque.[1] En 1432, « Jehnequin Choisel », d'un vieux lignage de Vexin qui était très probablement un ramage de la maison de Choiseul,[2] est, « escuier de cuisine de Loys, Daulphin de Viennoys », et qualifié « gentilhomme » dans des lettres de Charles VII.[3] En 1483, « Jehan de Valence, escuier, gentilhomme de l'hostel du Roy », est « grenetier du grenier à sel de Gisors ».[4] Sous Charles VI, l'aîné de la maison

---

[1] *Quittances*, t. II, p. 175; t. XVII, p. 756 ; t. XXXV, p. 1933 ; t. XLI, p. 3559 ; t. XLIX, p. 4934.

[2] Voy. ma notice sur la Maison de Choiseul, dans la revue *La Terre-Sainte*, N° 215, 15 juin 1884.

[3] *Coll. d'Anjou*, t. IX, N° 3868 : « Jehnequin Choisel... ou aultre gentilhomme du pais. »

[4] *Pièces orig.*, dossier Valence.

de Dreux, issue en ligne directe de Louis VI, est
« varlet tranchant du Roy ».[1] A Saint-Martin de
Chambly en Beauvaisis, sur une pierre tombale
était figuré « un chevalier armé », avec cette épitaphe : « Cy gist Litteard de la Tour, escuier,
fruictier du roy nostre sire, qui trespassa lan
1293. »[2] Le 3 mai 1390, Charles VI mande à
son trésorier de payer 40 francs « à nostre amé
et féal chevalier Phelipes de Courguilleroy, pour
gouverner les chiens et varlez de nostre très cher
et très amé oncle le duc de Bourbonnoys ».[3] Les
plus instruits, parmi les nobles appauvris, entraient dans les parlements, et quelques-uns,
comme les Montholon[4] et les Lamoignon[5],

---

[1] Boulainvilliers, p. 245.

[2] P. Roger, *Nob. et chevalerie*, p. 196. — Au xviᵉ siècle,
N... de Larmain est « fruitier de la Reyne ». (L. Guignard,
Chouzy, p. 69.)

[3] *Chartes Royales*, t. X, p. 258.

[4] Lazare de Montholon, conseiller au parlement de Bourgogne, mort en 1537 (*Coll. de Bourgogne*, t. X, fol. 97), descendait très probablement de Lazare de Monthelon, tué à
Azincourt en 1415 (Courcelles, t. I, p. 57), qui lui-même
descendait vraisemblablement de Lazare de Montelon, chevalier, vivant en 1213 (B. N., Ms franc. 8237, *Épitaphes*, p. 209).

[5] Originaires du comté de Nevers, où, depuis le
xiiiᵉ siècle, ils possédaient le fief de Lamoignon ; « avant
d'entrer dans la magistrature, ils comptaient depuis plusieurs siècles dans la noblesse d'épée. » (Vᵗᵉ de Ségur, *Les
Seigneurs de Méry*, p. 73.)

d'extraction chevaleresque, en s'élevant aux plus
hautes dignités de justice, eurent l'allégresse
de restituer à leur nom tout son antique éclat.
D'autres, de moins hautes visées, mettaient à
profit leur instruction pour embrasser les professions libérales, généralement lucratives ; ils se
faisaient médecins, apothicaires, avocats, et,
pour eux, ce n'était qu'à moitié déchoir, puisque
l'exercice de ces professions n'entraînait pas la
dérogeance.

« Les procureurs et practiciens, quoyqu'ils
soyent extraicts de noble famille, ne peuvent né-
antmoings se servir du privilège de la noblesse
pour l'exemption des tailles... De mesme n'est
pas des advocats, ausquels tant s'en fault que
leur qualité et la robe fassent préjudice à leur
noblesse, qu'au contraire elle y adjouste suyvant
la disposition du droict. »[1] On voit, en effet, des
gentilshommes conserver, dans la profession d'a-
vocat, leur qualification nobiliaire ; comme, en
1527, « maistre Loïs Blondel, escuier, licentié
ès loix, advocat » ;[2] en 1551, « maistre Claude
du Buisson, escuier, licentié en la faculté des
droicts, bourgeoys et advocat à Caen », et, en
1589, « Tanneguy du Buisson, escuier, seigneur

[1] Le Brun de la Rochette, livre II, p. 183.
[2] *Pièces orig.*, t. 371, Blondel, p. 59.

de Rommarie, advocat en la cour du parlement de Rouen, conseiller en l'admiraulté du dict lieu ». [1] D'aucuns même, tout en étant avocats, faisaient le service de guerre, comme, en 1452, « maistre Jehan de Piceleu », d'extraction chevaleresque, homme d'armes de la compagnie de Pierre de Brézé, grand sénéchal de Normandie.[2] Le barreau menait aux honneurs [3] les éloquents et les habiles, leur ouvrait la porte des parlements et des conseils, et même procurait aux non-nobles ce que le français, né malin, avait surnommé « la savonnette à vilain » : le brevet de « conseiller, secrétaire du Roi, Maison, Couronne de France, et de ses finances ». Les avocats exerçant aux justices et juridictions inférieures étaient suspects de dérogeance, parce que la plupart cumulaient avec leur état l'office de procureur ; [4] « c'est pourquoi Nicole Mauroy, se disant Noble et extraict de noble lignée, obtint des lettres royaux données à Tours le 3 décembre 1461, par lesquelles il lui fut permis de

[1] A. du Buisson de Courson, *Rech. nobil.* p. 127, 193.
[2] *Sceaux*, t. CXXIII, p. 515.
[3] Après vingt ans d'exercice, les docteurs régents des facultés de droit acquéraient la noblesse comitive.
[4] Voy. aux Preuves, No 1933, l'arrêt du 13 juin 1665, relatif aux héritiers de René Courtin.

postuler comme avocat devant le bailly et le prévôt de Troyes, et jouyr de la noblesse; sur cela,
l'impétrant eut une sentence à son bénéfice en
l'élection de Troyes contre les habitans de la
ville. » [1] Le métier de procureur était tenu pour
bas, et pourtant la nécessité poussa plus d'un
noble à s'y adonner; tels, en 1389, Jehan de Béthisy, procureur en parlement, dont le sceau
porte un écu chargé de deux pals sous un chef; [2]
en 1481, Jehan de Courcillon, procureur à la
Ferté-Bernard; [3] vers 1580, Christophe de la
Chassaigne, « contrôleur et élu en l'élection de
Nivernois, issu de noble lignée et de prédécesseurs portans le titre de damoiseau », qui « obtint du roi Henri IV des lettres de réhabilitation,
données à Nantes en octobre 1593, pour avoir
exercé la charge de procureur au bailliage de
Nivernois.» [4] Mêmes lettres de François 1er pour
Jehan de Thumery, écuyer, enregistrées à la
Cour des Aides de Paris le 3 juillet 1542 :

« Sur ce que de la partye du dict de Thumery…
eust esté dict que de feu Jehan de Thumery,
escuier, seigneur de Sainct Goubain en nostre

---

[1] La Roque, *Traité de la Nobl.*, p. 357.
[2] *Pièces orig.*, t. CCCXXVI, Béthisy, p. 4, 94.
[3] L. Charles, *De l'adm. d'une commun.*, p. 72.
[4] La Roque, *op. cit.*, p. 356.

pays de Picardye, qui estoit en son vivant noble personne et vivant noblement, estoient yssuz entre autres enfans deux enfans, François et Jehan de Thumery, dict chevalier, et Bertrand de Thumery, trisaïeul ou proave dudict demandeur, duquel Jehan de Thumery dict chevalier (et lequel fut faict chevalier au moyen de plusieurs faictz darmes par luy faictz en nostre royaulme es guerres par noz predecesseurs conduictes contre les Angloys, lequel nom de chevalier seroit depuys demouré a sa lignée et posterité) seroit yssu Robert de Thumery dict chevalier, duquel Robert seroit yssu Jehan de Thumery dict chevalier du Pont, duquel chevalier du Pont seroit yssu Jehan de Thumery dict chevalier, et dudict Jehan de Thumery seroit aussy issu maistre Anthoine de Thumery dict chevalier, lieutenant du bailly de Vermandoys, et du dict maistre Anthoine seroit yssu Pierre de Thumery dict chevalier, tous lesquels dessus nommez estoient personnes nobles et vivoient noblement, suyvoient noz armes et joyssoient du privileige de noblesse... Lequel demandeur estant noble tant du costé paternel que maternel, après le trespas de son dict père, auroit suyvy lestat de praticque et esté procureur en nostre chastelet de Paris et icelluy estat exercé par aucun temps et jusques autour

de Pasques 1538, dès lequel temps il auroit
icelluy du tout delaissé pour vivre noblement
sans faire aucun acte desrogeant à noblesse ; et
pour autant que le dict demandeur, en exerçant
ledict estat de procureur, auroit desrogé à sa
dicte noblesse... » [1] Sur le vu de ces lettres de relief, la Cour des Aides condamna les habitants
de Villepreux, qui avaient taxé Jean de Thumery au rôle des tailles.

L'office de notaire et de tabellion ne fut considéré comme dérogeant que vers le XVIᵉ siècle.
Il fut un temps, dit Chorier, « où cet art, bien
loin de desroger à la noblesse, estoit mesme un
exercice noble.» L'édit royal de 1532 « contenoit
que les notaires et tabellions n'écriroient plus en
latin ; qu'ils contracteroient en françois ; que
ces charges, qui n'ont esté exercées *que par des
Nobles*, l'ont esté enfin indifféremment par toute
sorte de personnes, sans considérer leur naissance, leur érudition et leurs mérites. » [2] Du

[1] *Pièces orig.*, dossier Thumery, orig. parch. — En juillet
1526, « honorable hᵉ Nic. de Neufbourg, marchant et
bourgeoys de Paris », acquiert douze arpens de terre, à
Sarcelles, de « Maistre Johan de Thumery, procureur ou
chastellet de Paris, et Marguerite Josset, sa femme. »
(*Ibid*). — Martin Courtin, seigneur de Pomponne, eut pour
première femme Isabeau de Thumery. (*Preuves*, Nº 1375).

[2] La Roque, *Traité de la Nobl.*, p. 360. — Cf. Tiraqueau,
De Nobil., cap. XXX.

temps de César de Nostradamus, en Provence et dans le Comté Venaissin, « une partie des gentils-hommes descendait de notaires, qui contractaient en latin et non en langage vulgaire, étaient gens de sçavoir et avaient rang entre les barons et nobles du pays » ; Pierre de Tressemannes, fils d'un notaire, testant en 1463, fit « son héritier Honorat, l'un de ses fils, s'il n'entroit point dans l'Ordre de Saint-Jean de Jérusalem, dit de Rho-des ».[1] L'*Armorial de Dauphiné* cite un certain nombre de maisons nobles ayant exercé le no-tariat et le tabellionnage sans déroger.[2] On en trouve aussi en Bretagne, en Normandie, en Berry, un peu partout.[3] Pierre le Roux, en 1527, prend dans les actes les qualités d'. « escuier, tabellion de la sergenterye de Moyaux »[4]. Claude d'Urac est qualifié « escuyer et notaire » dans son contrat de mariage du 23 juillet 1542. Noble Bertrand de Rosset, notaire, syndic et archivaire d'Aix en 1421 et 1432, maria sa fille à Isnard d'Agoult, baron d'Ollières, et lui donna en dot, entre autres terres, la baronnie de Belleau.[5] Les

---

[1] La Roçue, p. 363-368.
[2] G. de Rivoire la Bâtie, p. 148-149.
[3] La Roque, *loc. cit.*,
[4] *Cartul. d'Abenon*, fol. 65.
[5] La Roque, p. 364, 365.

noms les plus illustres se rencontrent dans le notariat : en 1257, Oudard de Joinville, clerc, notaire de la cour de Laon ; [1] en 1489, Jean d'Ampoigné, « notaire et praticien en cour laye, adjoinct du lieutenant du seneschal d'Anjou » ; [2] en 1555, Jean de Louvencourt, notaire à Paris, père de Marie de Louvencourt, femme de Guillaume Pingré, marchand de camelot à Paris, dont une fille mariée à Gérard Colbert, orfèvre ; [3] en 1636, André de Maillé, notaire à Changé ; [4] en 1745, Charles d'Aligre, notaire à Sours. [5] La « bouticque » [6] du notaire était remontée au rang d' « estude », qu'elle ne devait plus perdre.

[1] *Cartul. de St-Michel-en-Thiérache*, p. 280.

[2] *Coll. d'Anjou*, t. IX, n° 4105.

[3] *Cartul. des Blancs Manteaux*, p. 153. — *Pièc. orig.*, t. 910, doss. 20092, p. 1. — Par contrat du 27 juill. 1607, Marguerite, fille de Gérard Colbert et de Marie Pingré, fut mariée à noble homme Jean Courtin, seigneur de Cormeilles. (*Preuves*, n°s 1780, 1781.)

[4] L'abbé Guiller, t. I, p. 35.

[5] Merlet, *Invent.*, t. I, p. 181.

[6] *Preuves*, n° 2000², acte de 1520 : « Faict... en la bouticque dud. maistre Jacques Victon... »

CHAPITRE XXII

Les médecins, enfants gâtés des Rois. — Les médecins à la
censure. — Les anoblis par médecine. — Renaud Fréron,
premier physicien de Charles VI. — Médecins gentilshommes. — Pluie d'honneurs et de richesses. — Chirurgien-barbier devenu premier ministre. — Les docteurs et
la robe rouge. — Les maîtres en physique et la satire. —
Favoris de la fortune et favoris de l'infortune.

On a remarqué que la satire de Molière, si dure
aux médecins et aux apothicaires, avait épargné
les avocats et, en général, les gens de robe ; [1]
peut-être ne voulut-il pas aller sur les brisées de
Racine. Longtemps avant Molière, la malignité
s'était exercée contre les médecins, enfants gâtés
des Rois, et dont elle tympanisait cruellement
l'ignorance. [2] Froissart en médisait avec beaucoup

---

[1] Truinet, *Pourquoi Molière n'a pas joué les avocats.*
[2] Voy. Michaud, t. VI, p. 373-374. — Th. Sonnet, sr de
Courval, *Satyre contre les charlatans et pseudomédecins,* etc.
Paris, 1610, pet. in-8°.

de verve, [1] et Pétrarque en faisait des plaisante-
ries. [2] Un pamphlet de 1651 [3] se terminait par
cet avis peu charitable :

Bonnes gens qui ne pouvez vivre
Sans piper et charlataner,
Ne regardez dedans ce livre
Que pour vous y voir condamner.

Quatre ans après la mort de Molière, Guillaume
de Besançon publiait un autre pamphlet non
moins virulent, *Les Médecins à la censure.* L'ex-
traordinaire faveur dont ils n'avoient cessé de
jouir depuis des siècles [4] était le secret de cette
envieuse animosité. La médecine menait communément aux honneurs les plus grands ; aux gentilshommes appauvris elle rendait la fortune et
leur rang ; aux roturiers elle ouvrait les portes de
la Noblesse. « Je suis de la vieille noblesse, dit
Béroalde de Verville, non admise *par médecine*,
ni mairie, ni eschevinage, ni lettres. » [5] Les anoblis « par médecine » sont effectivement innombrables. Charles VI combla de biens Renaud

[1] *Chroniques*, t. III, p. 174.
[2] Cantu, *Hist. des Italiens*, trad. franc., t. VII, p. 47.
[3] *Le chirurgien charitable*, par Guérin. Lyon, pet. in-8°.
[4] Cf. Moréri, v₀ médecins.
[5] *Le moyen de parvenir*, chap. c.

Fréron, son « premier physicien », et anoblit sa
femme, fille d'un tavernier du Roi. [1] Ce même
prince anoblit en 1393 maistre Bernard Coursier,
licencié en médecine. [2] Raphaël de Taillevis,
médecin du duc de Vendôme, reçut en 1556 des
lettres de noblesse. [3] M[r] le marquis de Rivoire la
Bâtie cite plusieurs médecins dauphinois, les Villeneuve, les Darcier, les Davin, etc., anoblis par
Henri III et Henri IV. [4] On ferait un gros livre
avec la nomenclature des anoblis « par médecine »; on en ferait un gros également avec la
nomenclature des gentilshommes esculapes :
René de Fallaque, « escuyer », médecin fameux
au xve siècle; [5] « noble homme et sage Mr Jacques Turgis, chevallier et docteur en médecine
qui decedda lan 1483 le 17e mars »; [6] « Salmon
de Bombelles, chevalier, conseiller et premier
médecin du Roy » [7] en 1509, d'un vieux lignage

[1] *Sceaux*, t. L, p. 3769. — La Roque, *op. cit.*, p. 62,
l'appelle erronément « Renaut Frérot »; toutes les quittances qu'il donne aux trésoriers du Roi sont signées « R.
Fréron ».

[2] Arch. Nat., *Trés. des chart.*, JJ. 142, n° 52.

[3] *Généalogies*, p. 109.

[4] *Armorial de Dauph.*, p. 184, 187, 572, etc.

[5] Saint-Allais, t. IV, p. 239.

[6] Farin, t. III, p. 348.

[7] *Sceaux*, t. XVII, p. 1127.

représenté aux croisades ; [1] un Saporta, médecin de Charles VIII ; [2] en 1525, Jean du Buisson, écuyer, docteur en médecine, d'une ancienne maison de chevalerie normande, aussi représentée aux croisades. ; [3] Guillaume de Baillou, médecin au XVIe siècle, de race chevaleresque ; [4] Honorat de Castellan, en 1560, conseiller et médecin ordinaire du Roi, premier médecin de la Reine, époux d'Antoinette de Libel, dame d'honneur de la Reine-mère ; [5] en 1632, le petit-fils d'Antoine Dubost, écuyer, puis chevalier, est médecin à Lyon. [6] La maison de Montlovier, très ancienne en Dauphiné, « déchut peu à peu du rang qu'elle avait occupé, et nous voyons Joseph de Montlovier, bourgeois de Crémieu, s'établir à Crest, où il fut consul en 1683. Son fils, Louis de Montlovier, se fixa à Vienne où il exerça la médecine. » [7]

[1] *Chartes de croisade*, n° 331, charte d'emprunt, Damiette, 2 nov. 1249 : « Dominus Symon de Bumbellis ».

[2] Borel d'Hauterive, t. XXI, p. 403.

[3] A. du Buisson de Courson, *Rech.*, p. 193. — Voy. mon *Nobiliaire des Croisades*, Notice sur la maison du Buisson, dans la revue *La Terre Sainte*, n° 224, 1er nov. 1884.

[4] Fret, t. III, p. 530. — *Gall. Christ.*, t. XIV, col. 636 : 1218, Simon de Baillou, chevalier.

[5] *Pièc. orig.*, t. 613, Castellan, p. 5-7, 17.

[6] J. Guillien, *Rech. hist. sur Roanne*, publ. par Alph. Coste, p. XXIV.

[7] G. de Rivoire, *Armor. de Dauph.*, p. 435.

C'étaient de gros seigneurs que les médecins d'antan, et l'orgueil de ceux qui parvenaient à s'insinuer dans le service de la Cour s'élevait parfois jusqu'à l'insolence. [1]

Tous les honneurs leur pleuvaient, sans parler des richesses, comme l'eau court à la rivière; Arnulphe, 47ᵉ évêque d'Amiens, était fils de Roger de Fournival, médecin de Louis VIII et de Louis IX; [2] les chirurgiens mêmes pouvaient prétendre à tout; Pierre de la Brosse, chirurgien-barbier de saint Louis, devint le premier ministre de son fils. Robert du Lyon, médecin de Louis XI, fut gratifié du contrôle général de la recette de Bordeaux, charge très lucrative, avec permission de ne pas quitter la cour [3]; Ange Cato, autre médecin et aumônier de ce prince, fut nommé à l'archevêché de Vienne; [4] Adam Fumée, médecin de Charles VII et de Louis XI, devint maître des requêtes et fut commis par Charles VIII à la garde des sceaux. « Il s'apprend des Mémoires de Mʳ de Marolles, abbé de Villeloin, que Guillaume,

[1] Par exemple, Jacq. Coythier, médecin de Louis XI. — Voy. Marchangy, *Gaule poétique*, t. VIII, p. 236.

[2] *Gall. Christ.*, t. X, col. 1184.

[3] *Catal. de pièces hist.*, Paris, librairie Voisin, 10 avril 1885, n° 150.

[4] G. de Rivoire, p. 712.

cardinal d'Estouteville, commissaire du roy
Charles VII pour la réformation des universités du
royaume, permit aux docteurs de la faculté de
médecine de porter la robe rouge. »[1] Les grâces
pleuvaient encore sur les protégés des médecins ;
en 1392, par exemple, Jehan le Gentilhomme
déclare que « le Roy luy avoit donné la forfaiture
de Jehan Ernault, à la prière de messire Bertran
du Guesclin, lors connestable, dont Dieu ayt
l'âme, et de maistre Gervays Crestien, lors phi-
sicien du Roy ». [2] Après ce que l'on vient de
lire, comment s'étonner de la morgue des « maistres en physicque », de leurs rapides enrichis-
sements, de leurs sceaux aristocratiques, [3] de
leurs fructueux cumuls, [4] de l'arrêt du Conseil
du Roi, du 4 janvier 1699, leur confirmant le
droit de prendre « la qualité de Nobles »,[5] qu'ils
le fussent ou non ? Comment s'étonner surtout

---

[1] La Roque, *op. cit.*, p. 371.

[2] *Quittances*, t. XXXIII, p. 1632.

[3] Douët-d'Arcq, nᵒˢ 5905-5909. — Clairambault, *Sceaux*,
t. XL, p. 3015, sceau de « Pierre de Dye, maistre en physicque », 1355.

[4] Dom Plancher, t. II, *Preuves*, p. 258, nᵒ 299, charte de
1360 : « Actum in presencia Rob. de Balneolis, phisici,
notarii ejusdem loci. »

[5] *De la Nobl. des médecins et des avocats en France*, Paris,
1860, in-8ᵒ p. 8, 10, 29.

que les traits de l'envie et de la satire n'aient pas épargné ces favoris de la fortune ? Mais, en pensant aux gentilshommes appauvris, déchus, qui cherchèrent à se relever par la profession médicale, on soupçonne que beaucoup de médecins avaient été d'abord les favoris de l'infortune.

CHAPITRE XXIII

Molière tue les apothécaires. — La vérité sur ses victimes·
— Profession non dérogeante. — Nobles apothicaires. —
Apothicaires gouverneurs de villes et prévôts des maré-
chaux. — Maréchal de France, petit-fils d'apothicaire. —
Petite-fille d'apothicaire, femme d'un du Guesclin. —
Jean l'apothicaire, époux d'une Châtillon. — Le bâton de
maréchal et le pilon d'apothicaire. — Comment on com-
mence et comment on finit. — Le coup de pied de l'âne.
— Comment on se relevait.

Si Molière, avec l'arme terrible du ridicule,
blessa les médecins, ce ne furent pas ses seules
victimes ; car on peut dire que l'impitoyable comique tua les apothicaires. Aujourd'hui, leur nom
n'est plus qu'un archaïsme, nous ne les connais-
sons guère que par Molière, et la gauloiserie
s'accommode complaisamment de ces fausses
couleurs. Or, les apothicaires n'étaient pas ce
qu'un vain peuple pense ; inférieurs aux médecins
par la hiérarchie, ils leur furent quelquefois supérieurs par le savoir, et tel apothicaire fut un

parfait érudit, entouré d'une grande et légitime
considération. [1] Hiérarchiquement supérieurs
aux chirurgiens, « ils prenoient leurs degrés dans
les universités, et, s'ils n'estoient docteurs, au
moins ils estoient licentiés, bacheliers ou maistres
aux arts. Dans un tiltre recognu à Angers le 9
septembre 1471, l'apothicaire de René, roy de
Sicile, duc d'Anjou et Comte de Provence, prend
les qualités de Noble et d'honorable, et tient
mesme rang que le physicien ou médecin. » [2]
Je surprendrai dans doute plus d'un de mes lec-
teurs en disant que la profession d'apothicaire,
considérée comme un art, ne dérogeait pas à la
noblesse, à moins qu'il ne s'y joignît quelque
trafic, comme l'épicerie. Entre les innombrables
lettres de relief de dérogeance accordées par les
Rois, on n'en trouve pas qui visent l'exercice de
cette profession. Les descendants d'Antoine Courtin durent se faire réhabiliter, non parce qu'il
avait été apothicaire, [3] mais parce qu'il avait tenu
des terres en fermage. [4] « Les Roys de France,
dit Papon, toutes fois et quantes qu'ils ont fait

---

[1] P. A. Cap, *Un apothicaire belge au* XVIe *siècle, Pierre
Coudenberg,* 1862, in-8°.

[2] La Roque, *Traité de la Noblesse,* p. 371.

[3] *Preuves,* nos 2015, 2019, 2043.

[4] *Preuves,* nos 2024, 2210, 2216, 2314.

des édicts des mestiers.., ont tousjours excepté les mestiers et arts des Apoticaires et chirurgiens »,[1] qui ne pouvaient exercer qu'après avoir subi un examen en présence de deux médecins et de douze maistres et prouvé leur suffisance. Au xvi⁰ siècle, comme les grands bourgeois, les apothicaires étaient qualifiés « sire ».;[2] au xvii⁰, « noble homme »,[3] et même, comme les conseillers au parlement, « monsieur maistre ».[4]

On voit au musée du Louvre le sceau de Guillaume de la Blachère, apothicaire du xiv⁰ siècle.[5] La somme de considération dont jouissaient les apothicaires, avant le temps de Molière, nous est indiquée par plus d'un fait significatif. Jehan de Nant, apothicaire du Roi en 1473, reçoit une pension de quatre cents livres, considérable à

---

[1] *Arrests notables*, liv. XXIII, tiltre VIII, p. 1297.

[2] Bibl. nat., ms. franc. 8229, *Epitaphes*, p. 163, 179 : « 1535. Honorable personne sire Guill. Guerrier, marchant apothicaire d'Orléans... Sire Michel le Thoreau, marchant apoth. d'Orléans. »

[3] Dom Villevieille, *Titr. orig.*, t. XXXIV, p. 77 : « Blois, 1632. Noble homme René Truchon, appothicaire du Roy. »

[4] *Coll. de Picardie*, t. CLXIV, fol. 232, lettre de Blayrie, théologal d'Amiens, ann. 1622, adressée « à Monsieur, Monsieur Maistre Michel d'Achery, marchand apothicaire, demeurant à Saint-Quentin. »

[5] Douët-d'Arcq, n⁰ 5857 : « + S. G. DE BLACHERIA. YPOTECARII. »

l'époque; [1] de lui descendait peut-être Charles de Nans, maistre apothicaire de Six-fours, qui fit enregistrer en 1699 ses armoiries, *d'or au chevron de sable chargé de 3 aigles d'argent*; [2] et il n'est pas hors de propos de noter qu'il y avait une ancienne famille chevaleresque du même nom. [3]

Gervais Neveu, d'abord marchand droguiste apothicaire, fut ensuite gouverneur de Sablé, et résigna son gouvernement, en 1510, en faveur de son fils puîné; l'aîné fut l'aïeul de Roland Neveu, dont la fille unique, Renée, dame d'Auvers-le-Courtin, épousa Gabriel du Guesclin, conseiller au parlement de Bretagne. [4]

En 1505, Claude, reine de France, fait don à Julien Baugé, son apothicaire, de la terre et seigneurie d'Ingrande, près Blois. [5] Jean Maillard, fils d'un apothicaire de Paris, fut reçu auditeur des comptes en 1623. [6] Antoine Courtin, apothi-

---

[1] *Coll. Blondeau*, t. CXXVI, p. 157.

[2] *Pièces orig.*, t. 2089, dossier 47590, p. 2.

[3] *Ibid.*, dossier 47591.

[4] *Doss. bleu* 12769, Neveu, *Généalogie*, par Mr du Guesclin, p. 4.

[5] *Catal. du cab. d'autogr. d'Antoine de Latour, secr. des command. de S. A. R. Mgr le duc de Montpensier*, juin 1885, n° 48, orig. parch.

[6] *Pièces orig.*, t. 1760, doss. 41578.

caire en 1628, fils d'apothicaire, fut prévôt des maréchaux de France en 1647.[1] Tel apothicaire reçut des lettres de noblesse, sans discontinuer sa profession,[2] preuve manifeste qu'elle n'était pas dérogeante. Le bisaïeul du maréchal de la Meilleraye, Nicolas Fauques, était apothicaire. « Cela ne prouve rien contre la naissance, dit très justement à ce propos un érudit gentilhomme ; nous voyons trop souvent, hélas ! les descendants des plus grandes races réduits à de modestes professions, et j'en pourrais citer un grand nombre, si je n'étais retenu par un sentiment de discrétion que le lecteur comprendra. »[3]

On vient de voir un du Guesclin épouser l'arrière-petite-fille d'un apothicaire ; voici mieux encore : en 1278, « Chastelaine de Chastillon » est veuve de « Jehan l'apothicaire de Dijon ».[4] Il n'est pas douteux que maints nobles appauvris embrassèrent cette profession, tant que la satire moliéresque ne l'eut pas déconsidérée. Le 29 octobre 1390, Charles VI ordonne de payer « à Estienne de Marle, nostre varlet de

---

[1] *Preuves*, nos 2046, 2102.

[2] P. L. Jacob, *Curiosités de l'hist. de France*, p. 208.

[3] Cte A. de la Porte, *Hist. généal.*, p. 354.

[4] Dom Caffiaux, *Trésor*, Cab. des titres, n° 1209, fol. 97 vo

chambre et apothicaire, ung roolle qui a esté
veriffié et signé pár nostre amé et féal phisi-
cien maistre Regnaut Freron ». [1] En l'église du
Saint-Sépulcre, à Paris, se lisait cette épitaphe :
« Cy gist honorable homme Blaise Seguier,
marchand apothicaire, bourgeoys de Paris »,
décédé en 1510. [2] Charles de la Chapelle, marchand apothicaire à Montluçon en 1580, était
d'une ancienne maison chevaleresque de ce
nom. [3] A Saint-Eustache de Paris, au-dessous
de deux écussons, se lisait cette épitaphe :

« Cy gist honnorable homme Jacques Blondel,
vivant appoticaire du Roy et maistre appoticaire
espicier et bourgois de Paris qui deceda aagé de
67 ans le 14° jour de décembre 1621. Aussy
gist honorable femme Geneviefve Patin, veufve
du dict deffunct. » [4] Il n'est pas téméraire de
supposer que cet apothicaire descendait de « noble homme Jacques Blondel », vivant à Paris en
1516 et figurant dans un acte avec des cheva-

[1] *Charles Royales*, t. X, p. 268.
[2] *Généalogies*, p. 14.
[3] *Pièces orig.*, t. 675, doss. 15778, p. 187. — Voy. ci-
après, au chap. xxvii de cette Introduction, l'extrait des
lettres de relief de dérogeance obtenues en 1700 par Louis
de la Chapelle.
[4] Cab. des titres, n° 515, *Rec. des sépult. de Paris*, p. 143.

liers de Flandre, [1] et que sa devise, *Crescit in adversis virtus*, gravée sur sa tombe au pied de son écusson, le rattachait au fidèle écuyer de Richard Cœur-de-lion. — Autre épitaphe, à Saint-Jacques de la Boucherie :

« Cy gist honnorable homme Claude de Baillon, marchand apoticaire et espicier et ancien consul de ceste ville de Paris. Il decedda le 7 de juin 1639. Priez Dieu pour luy ! » [2]

Claude de Baillon, apothicaire, espicier, bourgeois et consul de Paris, était le troisième fils de Michel de Baillon, écuyer, petit-fils de Guy de Baillon, guidon de la compagnie d'hommes d'armes du preux La Hire. Et quel était le père de ce Guy ? « Pierre de Baillon, chevalier (neveu du mareschal de Baillon), tué à Poictiers en 1356 ; gist aux Jacobins de Poictiers. » [3] Commencer par le bâton de maréchal, et finir par le pilon d'apothicaire ! Quelle instructive addition à faire au triste et curieux chapitre de M[r] le marquis de Belleval intitulé : *Comment on commence et comment on finit !* [4] Le *Mercure galant*, gazette des ruelles de cour, n'était pas tendre aux fils

[1] Dom Villevieille, *Trésor*, t. XV, v° Blondel.
[2] *Dossier bleu* 1201, Baillon, fol. 32 v°.
[3] *Pièces orig.*, t. 171, Baillon, fol. 165.
[4] *Lettres sur le Ponthieu.*

d'Hippocrate, et son éclat de rire semble un écho
de Molière :

> Le père médecin, l'aïeul apothicaire,
> Le bisaïeul peut-estre encore pis que cela,
> Qui diable seroit noble à descendre de là ?

C'était le coup de pied de l'âne au mérite ou
au malheur. Qu'importe la voie de labeur par
laquelle on s'élève ou l'on remonte à son rang,
si la voie est honorable? On verra dans cette
histoire généalogique un apothicaire, petit-fils
d'un écuyer, devenir prévôt des Maréchaux de
France, commander par conséquent en leur
nom à la Noblesse, et se faire chevaleresque-
ment tuer au service de Louis XIV. [1]

Les maréchaux de France, chefs de la Noblesse

---

[1] Antoine-Garnier Courtin, né à Roanne le 13 sept. 1598 ;
marié le 8 fév. 1628, à Pierrette Bouillefont, *aliàs* de Bouil-
lefons, et en secondes noces, le 7 nov. 1632, à Claude Dupuy ; apothicaire et pharmacien de Roanne, en 1628 ; noble
homme Anthoine Courtin, commis à la recette générale des
aides de Roanne, en 1637 ; volontaire au régiment de Bé-
thune-Charost, en 1645 ; prévôt des maréchaux de France
et chevalier du guet de Roanne, le 20 mai 1647 ; écuyer,
seigneur des Jandons, le 15 août suivant ; écuyer, seigneur
de Châteauneuf et des Jandons, en 1650 ; tué, dans
l'exercice de sa charge de prévôt des maréchaux, en 1652.
(*Preuves*, nᵒˢ 2026, 2046, 2050, 2072, 2095, 2102-2105, 2110,
2314).

militaire, étaient les juges naturels du plus précieux de tous les biens : l'honneur ! Il faut lire, dans une excellente étude de M^r le Marquis de Belleval, [1] de quel prestige était entouré, « dans une ville de province, chef-lieu d'un bailliage ou d'une sénéchaussée », leur délégué, leur représentant, « personnage devant lequel officiers et soldats se découvrent avec une nuance plus marquée de respect ». Dans une étude sur la France d'autrefois, au chapitre de la noblesse déchue par appauvrissement, il y aurait une page singulièrement intéressante à écrire sous ce titre : *Comment on se relevait.* — Mais tous ne se relevaient pas, surtout si brillamment.

[1] *Revue Nobiliaire*, t. XIV, p. 89. — Sur les fonctions et les pouvoirs des prévôts des maréchaux, voy. Le Brun de la Rochette, p. 145-146.

CHAPITRE XXIV

Martyrologe de la Noblesse. — Gentilshommes cultivateurs et charbonniers. — Le chevalier de Pradt. — Le négoce, interdit aux Nobles, réservé au Tiers-Etat. — Femme de gentilhomme, publique marchande. — Jean le Bigot. — Édit de 1669. — Gentilhomme chapelier. — La maison de Vallier.

Que pouvaient faire ceux des Nobles appauvris qui n'avaient pas une instruction suffisante pour devenir avocats ou notaires, médecins ou apothicaires, voire procureurs? Nous allons les voir à l'œuvre, et ce n'est pas une des faces les moins curieuses et les moins instructives de l'histoire, on pourrait dire du martyrologe de la Noblesse. Les uns prenaient à ferme les revenus d'une châtellenie, comme « Guibert de Thiéry, damoiseau, fermier des revenus du château de Saint-Mural », [1] en 1356, ou étaient receveurs

[1] L. Barthélemy, *Chartes de la maison de Baux*, nᵒ 1354.

d'opulents seigneurs, comme « Jehan de Brée, escuier », [1] en 1474. Ceux-ci, voulant au moins pouvoir dire comme Job en sa misère, *in meo nidulo moriar*, faisaient valoir de leurs mains les terres qui leur restaient. « Est à remarquer, dit un juriste du xviie siècle, que ceulx qui ont privilège d'exemption pour la noblesse ou prestrise, ne peuvent estre imposez en la taille contre leur privilège, sous ombre de ce qu'ils travaillent de leurs mains en leurs propres possessions, comme nous avons veu aucuns gentilshommes en ce pays, contraincts par la nécessité de labourer, cultiver et ensemencer les terres, moissonner et battre les bleds y provenus, coupper les boys de tailles, les mettre en fagots et les porter sur leurs dos en leurs maisons. » [2] Ceux-là se faisaient charbonniers, comme le frère du trop fameux abbé de Pradt, « d'une famille très ancienne mais très pauvre, si pauvre que, avant la révolution, le chevalier de Pradt avait dû adopter

---

[1] Chartrier de Soulgé-le-Courtin, registre orig. pap.: « C'est le double du compte que rend à noble et puiss. sgr monseigneur Loys de la Palu, sgr de Sougé le Courtin et de St Mars du désert, Jehan de Brée escuier, des receptes et mis. qu'il a faictz pour et ou nom dud. sgr en sad. terre de Sougé le Courtin depuys le jour de la feste de N. D. angevine lan 1474... »

[2] Le Brun de la Rochette, liv. II, p. 182.

la profession de charbonnier, qu'un gentilhomme pouvait exercer sans déroger.... Le chevalier faisait donc du charbon qu'il allait vendre lui-même, en sabots et l'épée au côté. » [1] De rares *privilégiés* obtenaient du Roi l'autorisation de faire valoir des terres par leurs mains sans déroger à leur noblesse, comme François de Saint-Pol, seigneur de la Porte, en 1755. [2]

L'empereur Honorius avait interdit le commerce aux grands, non comme déshonorant, mais « parce qu'ils auraient eu toute facilité pour nuire aux personnes de condition inférieure. » [3] Nos Rois, gardiens-nés de l'honneur chevaleresque et des privilèges de chaque classe, interdirent le commerce aux Nobles pour d'autres motifs. « On ne met pas en doute, dit La Roque, si l'on doit trafiquer de quelque manière que ce soit pour remédier à son indigence, mais si les gentilshommes se peuvent mesler du négoce, parce qu'il semble être *réservé au Tiers-Estat*, qui se trouve chargé des impositions ordinaires. La Noblesse est née entre les armes, elle s'augmente dans l'exercice de la guerre, et il semble

[1] G. d'Orcet, *Les grands pauvres*, p. 4.
[2] Merlet, *Invent.*, t. I, p. 292.
[3] Cantu, *Hist des Ital.*, t. III, p. 404.

que cette qualité ne peut se conserver en contractant avec des hommes mercenaires, qui pas-
sent leur vie dans l'inclination continuelle de
s'enrichir. »[1] Ainsi, les Nobles étaient con-
damnés à passer la leur dans l'inclination continuelle de s'appauvrir, et Pasquier le dit crû-
ment en ces termes : « Quant aux François, ils
tiennent non-seulement pour un acte desrogeant
à la noblesse, *mais mesme pour un crime*,
d'exercer le négoce, estimant ceste action basse,
et ceulx qui s'y portent deviennent poltrons,
abandonnans l'ombre des lauriers pour prendre
celuy des bouticques. » — « Nos Rois, ajoute
La Roque, avoient défendu étroitement à la
Noblesse toute sorte de négoce, de peur qu'elle
ne s'avilît et ne s'abaissât par ce commerce. Ce
fut pour cette raison que François Ier rendit une
ordonnance à Aumale en avril 1540, et que
Charles IX, tenant ses Estats à Orléans l'an
1560, défendit à tous gentilshommes, comme aux
gens d'Église, de trafiquer de marchandise et de
prendre ou tenir des fermes par eux ou par
personnes interposées, à peine d'être privés du
privilège de Noblesse. »[2] Un certain nombre de

---

[1] *Traité de la Nobl.*, p. 251.
[2] La Roque, *ibid.*, p. 252.

gentilshommes, aux xvᵉ et xvιᵉ siècles, avaient cru pouvoir s'adonner à quelque commerce « pour se soutenir » ; [1] les timorés, sous le nom d'un tiers, voire de leur femme, ce qui conste de la quittance suivante :

«... Gilles Potier, garde du scel des obligacions de la viconté de Caen... Savoir faisons que par devant Colin de Vernay, clerc tabellion juré commis et establi en la ville et banlieue de Caen quant a ce qui ensuit, fut presente Raoulle de Cahengnolles, femme de Jehan Langloys, escuier, seigneur de Cohon, *publique marchande*, laquelle congnut et confessa avoir eu et receu de honnorable homme pourveu et saige Gilles Alespée, viconte de Caen, la somme de 28 soulz 8 deniers tournoys qui deubz lui estoient pour 23 livres et dem. de plon en table, prinses par le maistre des euvres pour mettre en plusieurs pertus des goutieres des combles de la grosse tour du chastel de Caen... Ce fut fait au lieu acoustumé lan de grace 1412, le 8ᵉ jour davril après Pasques. *Signé* : C. Vernay. » [2]

Vers 1450, Maurice de la Noüe, gentilhomme de Bretagne, qui « se mesloit auculne foys de

---

[1] Borel d'Hauterive, t. XXV, p. 154.

[2] *Pièces orig.*, t. 1642, doss. 38161, Langlois, seigneurs d'Oynel, p. 4, orig. parch.

marchandyse tant à la mer qu'à la terre », prit pour associé Jean le Bigot, qui « devint le plus riche bourgeois de Saint-Brieuc, ville et fors bourgs », et fut anobli en 1480.[1] Ainsi le commerce enrichissait, il anoblissait même, et les Nobles ne pouvaient s'y livrer. Ce ne fut qu'au mois d'août 1669 qu'un édit de Louis XIV, confirmé par la déclaration de décembre 1701 et par l'arrêt du Conseil d'État du 28 avril 1727, leur permit de faire le commerce de mer et le commerce en gros sans déroger à leur noblesse.[2] Après les rigoureuses défenses de François Ier et de Charles IX, quelle ressource restait aux appauvris? Quelques-uns, se cramponnant à leur gentilhommerie, se résolurent à prendre un métier,[3] mais sans abdiquer leur état, comme fit Mr de Vallier, de la branche de Vaulnaveys, dont était Gaspard, maréchal et grand-croix de l'Ordre de Saint-Jean de Jérusalem, fils de Claude et d'Odette Alleman, qui défendait Tripoli lorsque cette ville fut prise par les Turcs vers la fin

[1] *Anc. évêchés de Bret.*, t. II, p. 281. — Voy. mon *Précis généal. de la maison de la Noüe*, p. 54, 117, 118.

[2] Clairambault, t. CMXXVIII, fol. 4.

[3] La Roque, *Traité de la Nobl.*, p. 417 : « La Noblesse a ses écueils, comme tous les autres biens du monde; la pauvreté l'obscurcit souvent et la contrainct à s'abaisser à des employs mécanicques. »

du XVIe siècle. « Cette branche, ajoute Mr de Rivoire la Bâtie, tomba dans la pauvreté, et son chef, père de sept fils et de sept filles, voulant pourvoir à son existence et à celle de ses nombreux enfants par son travail et sans déroger, présenta une requête au parlement pour qu'il lui fût permis de s'adonner aux *méchanicques*, avec promesse de vivre noblement dès qu'il aurait pu gagner une fortune suffisante. Il se fit chapelier, et après avoir réalisé un avoir convenable, il tint sa promesse et vécut noblement. Son petit-fils, qui manquait d'ordre et d'énergie, fut attaqué dans sa noblesse par la communauté de Vaulnaveys, et sut si mal se défendre qu'il succomba dans cette attaque vers 1685. » Plus heureuse fut la branche de By, dont le chef, le comte de Vallier, siégeait en 1789 aux États Généraux parmi les membres de la Noblesse de l'élection de Vienne. [1]

---

[1] *Armor. de Dauphiné,* p. 761-763.

CHAPITRE XXV

Abdications forcées et déchéances. — Les sires de Chambéry. — Cadets de princes se faisant bourgeois et marchands. — Les Quinson. — La maison de Viego. — Grandeur et décadence des sires de Bardonnenche. — Pierre de Bardonnenche, ouvrier. — Épicerie et chevalerie. — Épiciers seigneurs. — *Primo vivendum*. — La maison du Terrail.

Grand fut le nombre des gentilshommes que la nécessité réduisit à résigner leur privilège [1], à se réfugier dans les villes, [2] non sans une secrète amertume, à demander aux trafics de la bourgeoisie, à quelque métier, le pain de chaque jour, une laborieuse aisance. Des chevaliers, de grands seigneurs même, [3] s'arrêtèrent à ce parti. On n'ouvre pas un nobiliaire consciencieux sans y rencontrer de ces abdications, trop souvent

---

[1] P. L. Jacob, *Curios. de l'hist. de France*, p. 202.
[2] R. de Belleval, *Nobil. de Ponthieu*, p. 694.
[3] Borel d'Hauterive, t. XXV, p. 240.

suivies d'irréparables déchéances. Les Chambéry, antiques dynastes qui, dès le commencement du xi° siècle, étaient seigneurs du château et du bourg de leur nom (plus tard capitale du duché de Savoie), vendirent le bourg au comte Thomas de Savoie, en 1232, et, quelques années après, le château, dernier débris de leur grandeur.

Un de leurs descendants, N... de Chambéry, était en 1411 hôtelier et syndic de la ville dont ses aïeux avaient été les maîtres. [1] Les cadets des princes de Mortagne et vicomtes de Tonnay, étant pauvres, se firent bourgeois et commerçants[2]. Christophle Angenoust, marchand, vivant en 1600, « se disoit noble champenois d'origine ».[3] En 1303, Philippe Riboud est chevalier ; deux siècles après, les Riboud ne sont plus que bourgeois de Montluel, et qualifiés « honnestes hommes »;[4] Mr de Belleval cite les Grébaumaisnil, ancienne famille noble, déchue au xvi° siècle, [5] si particulièrement cruel aux gentilshommes. Mr de Rivoire cite les Fassion, les Montlovier, les

---

[1] Cte A. de Foras, *Armor. de Savoie*, t. I, p. 347.
[2] Borel d'Hauterive, t. XXX, p. 194.
[3] La Roque, *Traité de la Nobl.*, p. 144.
[4] Ph. le Duc, *Pap. curieux d'une famille de Bresse*, 1862, p. 7, 12.
[5] *Nobil. de Ponthieu*, p. 463.

Noir, damoiseaux en 1311, puis « perdus dans
l'obscurité », les Nicollet, d'ancienne noblesse,
« perdus dans les emplois de basse judicature »,
les Pélisson, les Quinson. Cette dernière famille,
« qui offre de singulières vicissitudes, remonte à
Lancelot de Quinson, damoiseau de Sassenage,
en 1339 ». Vincent de Quinson, dit Luce, est
qualifié « noble et discret homme » dans son
contrat de mariage du 15 janvier 1529 avec noble et honneste vierge Françoyse Naturel... Il
paraît qu'il jugea à propos, vu son maigre patrimoine, de s'établir marchand à Villebois pour ré-
tablir sa fortune. Dès lors il prend presque cons-
tamment la simple qualification d' « honorable
homme [1] Luce Quinson, marchand de Ville-

---

[1] Les qualifications d' « honorable » et « honneste »
furent communes à l'origine entre la Noblesse et la Bourgeoisie, jusqu'au temps de leur complète scission ; elles
devinrent alors des qualificatifs exclusivement bourgeois.
— *Cartul. de l'évêché de Langres*, p. 63, ann. 1274 :
« Honorable baron et saige le bailly de Langres ». — *Coll.
de Bourgogne*, t. X, fol. 184, fin du XIII° s. : « Cy gist noble
et honorable dame... fame monseigneur Jehan, chevallier,
sires de Fontaines. — *Quittances*, t. VII, p. 466, 468, ann.
1347 : « Homme honnorable et honneste monseigneur Ph·
le Despencier, chevalier et chastellain de Carenten. »
— Monstrelet, p. 5, ann. 1400 : « Noble homme et honorable personne Michel d'Orris.» — Dom Villevieille, *Trésor*, t.
XLIX, v° Hennequin, 1403 : « Honneste femme Jehanne
Hennequin, femme de noble homme Mahiet Paaillon, es-

bois », qualification sous laquelle il fit de nombreuses acquisitions de terres, prés, vignes et
bois, son commerce nous paraissant avoir pros-
péré assez rapidement. Il testa le 24 août 1558
sous le nom d' « honorable homme Luce Quinson, bourgeois et habitant de Villebois », élisant
sa sépulture dans la chapelle fondée par ses
prédécesseurs dans l'église de Villebois. Il reçut,
au mois de décembre 1559, des lettres-patentes
du duc Emmanuel-Philibert de Savoie confirmant
et reconnaissant son ancienne origine. Guy Allard
lui donne le titre de capitaine général de la justice en Bresse et en Bugey. Son fils aîné, noble
Antoine de Quinson, marié à d^{lle} Françoise
de Gorras, fille de noble Humbert de Gorras,
bourgeois de Lagnieu, fut gentilhomme ordinaire
de la maison du duc de Savoie.[1] » Un érudit normand, Mr Amédée du Buisson de Courson, membre honoraire du Conseil Héraldique de France,
cite un gentilhomme du xvie siècle qui, s'étant
voué au commerce, acquit de grands biens, et

cuyer » ; t. XCI, v° Villefranche, 1452 : « Honnorables
Jehan de Villefranche et Bérenger de Copons, damoiseaux.»
— Cf. Dom Caffiaux, *Trésor*, 1777, p. XXVIII, et les consul-
tations de Pierre d'Hozier et de Mrs de Sainte-Marthe, ap.
Revue Nobiliaire, t. X, p. 469 et suiv.

[1] *Armor. de Dauphiné*, aux noms cités.

dont les enfants obtinrent des lettres de réhabilitation de noblesse [1]. Voici les Viego, maison chevaleresque connue dès le xiiie siècle, ayant eu un cha-
noine comte de Lyon en 1390 : « Toutes ses bran-
ches étoient éteintes en 1660, dit le Laboureur, à
l'exception d'une, laquelle ayant dérogé, celuy qui
reste de cette branche ayant achepté le fief de Ra-
petour, ancien bien des Viego, médite aujour-
d'huy sa réhabilitation, que je luy souhaite, pourvu
qu'il use mieux des titres qui luy ont esté remis
par son vendeur, et principalement d'un inventaire de ces titres, lequel, avec ce que j'en ay
recouvré d'ailleurs, auroit donné beaucoup de
lumière à cette maison, véritablement noble,
mais avilie et obscurcie par la pauvreté et le
temps. »[2]

Les seigneurs de Bardonnenche du xie au
xive siècle, ne relevant que de Dieu et de leur épée,
étaient à peu près souverains dans leurs domai-
nes. La pauvreté atteignit cette race périllustre,
mais sans lui ravir la fierté de la noblesse de
son origine; elle portait haut son écu sans tache
ni souillure. « Elle vint à Saint-Etienne vers la
fin du xve siècle, s'efforçant d'oublier la gran-

---

[1] *Rech. Nobil.*, p. 352, note.
[2] Le Laboureur, cité par le Mis de Rivoire, *Armor. de
Dauph.*, p. 791-792.

deur des souvenirs qui jusque-là avait occupé
ses pensées, et tâchant que personne ne pût reconnaître en elle cette noble race qui se montra
si belle, dès le commencement où elle apparaît
au fond des premiers temps de la féodalité. Elle
y réussit complètement ; pendant un siècle, elle
y végéta entièrement inconnue ; car il est à remarquer que toutes ces familles dépaysées n'ont
pu se résoudre, dans les commencements, à se
mêler des affaires publiques et vivre de la vie
commune. Elle tirait son nom de la vallée de Bardonnenche, qu'elle possédait déjà au xie siècle,
et n'avait jamais reconnu d'autre suzerain que
le chef de l'Empire, à qui elle prêtait foi et
hommage. Ce ne fut qu'au xive siècle que cette
puissante famille s'avoua vassale des Dauphins ;
elle s'était tellement accrue que la terre de Bardonnenche se trouva divisée en coseigneuries,
qui appartenaient à trente chefs de famille du
même nom, dont le Dauphin reçut l'hommage
en 1330. » Dans le terrier de la ville de Saint-
Etienne, en 1515, est mentionné « Pierre de Bardonnenche, ouvrier » ; [1] le quatrième de ses
petits-fils, aussi nommé Pierre de Bardonnenche,
commença par tenir un magasin d'épiceries à

---

[1] « Petrus Bardonnenchi, faber de Sancto Stephano. »

Limoges, et le transféra ensuite à Saint-Etienne, probablement en 1612, après la mort de Jacques, son frère aîné, par l'inventaire duquel on voit qu'il faisait un énorme commerce d'épiceries ». La grande fortune que fit Pierre de Bardonnenche « porterait à croire qu'il tenait les deux maisons de commerce de Limoges et de Saint-Etienne. Sa fortune s'élevait, à sa mort, à la somme, fabuleuse alors pour Saint-Etienne, de 324.000 livres. Il testa le 6 avril 1637, et légua mille livres à l'Hôtel-Dieu et trois mille livres pour marier de pauvres filles... Son nom, éteint depuis plus de deux cents ans à Saint-Etienne, s'est pourtant conservé dans celui d'un très vaste domaine situé dans la montagne de Sorbier, encore appelé Bardonnenche. » [1]

Si le privilège de la noblesse consistait à payer l'impôt du sang et à se ruiner, on voit que le privilège de la bourgeoisie était d'une tout autre nature. L'épicerie rendait amplement tout ce qu'avait coûté la chevalerie, et je m'imagine qu'ils étaient aussi de bon lieu, « Eustache Langloys, bourgois et espicier de Sainct-Omer », qui, en 1300, revêtait ses quittances de fourni-

---

[1] De la Tour-Varan, *Armor et généal. des familles de Saint-Étienne*, p. 24-29.

tures, « de dragée blanche et de sucre » de son
scel, portant un écu chargé d'une épée de chevalier ; [1] « Guérin de la Clergerye, espicier bourgois de Paris, seigneur de Montrouge », en
1351 ; [2] et cet autre qui rend aveu féodal en
1454 : « De vous noble homme monseigneur
Guillaume de Thouars... je Jehan Ligier, espicier, tiens et advoue a tenir a foy et hommaige
simple... » [3] Et encore « Jehan Noble, espicier et
vallet de chambre du Roy nostre sire », qui, en
1371, donne quittance munie de son scel armo-
rié. [4] *Primo est vivendum*, et l'épicerie servait,
par surcroît, à redorer le blason. Ces nobles épiciers firent-ils pas mieux que de se plaindre, et
de choir, par exemple, aux degrés les plus infi-
mes de la domesticité, [5] dans la basse bohême,
sur les tréteaux de comédiens nomades, [6] ou de
s'ensevelir dans les ténèbres de la roture, comme

[1] Demay, *Sceaux d'Artois*, n° 1270.

[2] *Cartul. des Blancs-Manteaux*, p. 175.

[3] Dom Villevieille, *Titres orig.*, t. XXXIV, p. 46.

[4] Clairambault, *Sceaux*, t. LXXXI, p. 6369.

[5] La Roque, *op. cit.*, p. 350-351.

[6] Voy., sur les vicissitudes de J.-B. l'Hermite de Souliers,
Henri Chardon, *Nouv. documents sur les comédiens de campagne et la vie de Molière*, ap. *Revue hist. du Maine*, t. XVIII-XX,
1885-1886.

la branche aînée du lignage du « chevalier sans peur et sans reproche » ? [1]

[1] Des auteurs font remonter la maison du Terrail au IXe siècle ; la filiation part d'Aubert du Terrail, en 1320, quartaïeul de Charles du Terrail, sgr de Bernin, chef de nom et d'armes, marié vers 1550 à Soffre d'Arces, dite « la belle Couvat », d'un illustre lignage du Dauphiné. Leur fils aîné, « Jaime Couvat du Terrail », et tous ses descendants sont dits « laboureurs », et le nom de « du Terrail » disparaît des actes. Un jugement du tribunal civil de Grenoble, du 3 déc. 1838, a prescrit la rectification des actes de l'état civil, en ce sens que le nom de Couvat y sera précédé de celui de « du Terrail ». (De la Tour-Varan, *op.cit.*, p. 372-391.)

CHAPITRE XXVI

La particule nobiliaire. — Sa signification, son caractère.
— Répudiations significatives. — Les embourgeoisés —
Jean de Béthisy, procureur. — Marchands qualifiés no-
bles. — Déchus, mais répugnant aux mésalliances. —
Changements d'armoiries. — Blasons improvisés. — Ca-
lembourgs et rébus héraldiques. — Le hareng des Harenc.
— La harpe des Arpajon. — La maison de Mun. — La
belle des belles.

Un arrêt de la cour de Lyon, du 24 mai 1865,
dénie à « la particule » le caractère nobiliaire ;
opinion manifestement en désaccord non seulement avec le préjugé public, mais avec certains
actes de la puissance souveraine,[1] et des juge-
ments autorisant des nobles ou des anoblis à faire
précéder leur nom de la particule, considérée
comme une des prérogatives stipulées dans les
lettres de maintenue ou d'anoblissement. Il n'est
pas contestable que la particule n'avait pas autre-

[1] Cf. Louis Vian, *La Particule Nobiliaire.*

fois une signification exclusivement nobiliaire,
mais il n'est pas non plus contestable qu'elle im-
pliquait généralement la possession terrienne, et
par suite revêtait un caractère féodal ; sinon,
comment expliquer ce fait que la plupart des
Nobles appauvris, en s'agrégeant à la bourgeoisie, dépouillent leur nom de la particule ? [1] Pourquoi répudier ce préfixe, s'il n'avait pas un sens
nobiliaire ? Il est à noter que les répudiations de
cette nature, comme de toutes qualifications féodales, coïncident, de la part des « embourgeoisés »
avec la rupture de l'antique harmonie entre la noblesse et la bourgeoisie, avec l'éclosion de l'antagonisme entre les châteaux et les villes. Auparavant, les Nobles bourgeois conservaient générale-
lement leurs qualifications nobiliaires ; ce fut en
devenant un corps homogène que la bourgeoisie
devint exclusive, jalouse de sa dignité propre,
avec cette fierté que donne communément la
richesse. Comment expliquer encore, si l'on refuse
au « de » le caractère d'une prérogative, que les
Nobles, qui avaient quitté la particule en se fai-

---

[1] Cf. Borel d'Hauterive, t. XXV, p. 164. — Voy., au chap.
suivant, l'extrait des lettres de réhabilitation de Louis de
la Chapelle, dont les ascendants, issus de noble lignée,
ayant embrassé le négoce, ne s'appelèrent plus que Chapelle.

sant bourgeois, s'empressent de la reprendre
lorsqu'enrichis par le négoce ils se réagrègent à
la Noblesse? Nous avons vu « noble homme
Luce de Quinson », descendant d'un damoiseau
de Sassenage, s'établir marchand à Villebois
vers 1530, et ne plus s'appeler dès lors que
« honorable homme Luce Quinson » ; il meurt
laissant de grands biens à son fils, « noble Antoine
de Quinson ».[1] Les exemples de l'espèce abondent, comme aussi ceux de gentilshommes déchus, à qui le public persistait à donner la particule, mais qui la retranchaient de leur signature.
« Jehan de Bethisy, procureur en parlement »,
ainsi dénommé dans un acte de 1389, le signe
« Bethisy Jⁿ »[2] ; en 1411, « Raoul de Guissart,
clerc tabellion juré en la vicomté de Rouen »,
signe « R. Guissart » ; en 1415, « Jehan de Villeneuve, vicomte de leaue de Rouen », signe
« Jⁿ Villeneuve » ; en 1419, « Guillemin de Vil.
lehier, clerc de la vénerye de Mons. le duc d'Orléans », signe « G. Villehier ».[3]

Aux xive et xve siècles, dans quelques pro-

[1] G. de Rivoire, *op. cit.*, p. 574. — Voy. le chap. précédent.

[2] *Pièc. orig.*, t. 326, doss. 7110, p. 4.

[3] *Quittances*, t. XLVII, p. 4524 ; t. XLIX, d. 4967 ; t.
XXXVIII, p. 2694.

vinces, il n'est point rare de rencontrer des
« marchands » qualifiés « nobles », comme par
exemple, « noble homme Louis Chappuis, bourgeois et marchand de Condrieu », ainsi qualifié
dans son testament du 10 août 1435 ; puis,
lorsque s'accentue l'exclusivisme de la bourgeoisie, les fils ne sont plus qualifiés qu' « honora-
bles ». Généralement, ces familles marchandes,
d'extraction noble, s'alliaient entre elles, sans
doute parce que, malgré leur décadence, elles
répugnaient aux mésalliances. Louis Chapuis,
que je viens de citer, avait une sœur mariée à
Jean de Genas, bourgeois de Lyon, et trois filles,
l'une abbesse de Sainte-Colombe, les deux autres
mariées à Jean de la Colombière, bourgeois de
Valence, et à Jean de Chaponay, bourgeois de
Lyon, toutes nommées dans son dit testament.

Un autre fait, non moins frappant que l'abandon de la particule par les Nobles embourgeoisés, c'est l'abandon des armoiries de leur race,
comme s'ils eussent appréhendé de les commettre
en se déclassant, ou voulu peut-être affirmer
ainsi, aux yeux de leurs nouveaux pairs, la sin-
cérité de leur abdication. J'ai recueilli de nombreux exemples de ce fait. Les néo-bourgeois

---

[1] Chartrier de la maison de Chapuis, orig. parch.

prenaient généralement des armoiries en rapport avec leur transformation sociale, le plus souvent allusives à la profession qu'ils embrassaient, ou partiellement empruntées de celles de la ville dont ils devenaient habitants. Beaucoup de ces blasons improvisés constituaient de véritables calembourgs héraldiques, « armes parlantes » que n'a pas épargnées l'éclat de rire de Rabelais.[1] La mode pourtant n'en était pas neuve : au XIIIᵉ siècle, les Harenc quittèrent un instant leurs trois croissants pour mettre sur leur scel un hareng[2] ; à leur oiseau de proie, *harpago*, qui déjà constituait des armes parlantes, les sires d'Arpajon substituèrent définitivement une harpe.[3] La maison de Mun, d'ancienne chevalerie, représentée aux croisades, et dont l'éclat séculaire est si brillamment ravivé de nos jours, a pour blason un « monde d'argent », en latin *mundus*, armes parlantes. L'écu des Chabeu, au XVᵉ siècle, avait pour supports un *chat* et un *bœuf*.[4] Un des plus curieux exemples de rébus héraldique est celui-ci : Gérarde *Cassinel*, dame de Pomponne, femme de Bertrand de Rochefort, était la belle

[1] *Gargantua*, liv. I, ch. IX.
[2] Saint-Allais, t. V, p. 105.
[3] Borel d'Hauterive, t. XVI, p. 150.
[4] L. P. Gras, *Obit. de Sᵗ Thomas en Forez*, p. 100.

des belles de la cour de Charles VI ; « le Dauphin
Louis, s'en allant avec le roy son père au siège
de Compiègne en 1414, fit broder sur son éten-
dard un *K*, un *cigne* et un L pour désigner le
nom de cette belle personne. [1] » Les « armes
parlantes » avaient, comme on voit, d'illustres
précédents. J'ajoute qu'on les répudiait communément, lorsqu'ayant fait ses « choux gras »
dans le négoce on entrait ou rentrait dans la
Noblesse, pour arborer soit le blason de sa race,
soit celui de quelque fief acquis par alliance ou
par achat. [2]

[1] Le P. Anselme, t. II, p. 42.
[2] Par contrat du 9 avril 1567, Claude de Lévis, baron de
Cousan, vendit à Jean Camus, notaire et secrétaire du
Roi, la baronnie de Feugerolles, « ensemble le nom *et
armes* du dict Fogerolles ». (De la Tour-Varan, *Chron. des
chât. et abbayes*, t. I, p. 418.)

CHAPITRE XXVII

La multitude des réhabilités. — Geoffroy de Chantepie, marchand, petit-fils d'un preux chevalier. — Les Lingendes. — Louis de la Chapelle fait le commerce et ne s'appelle plus que Chapelle. — Gabelou de sang royal.— Les descendants de la famille de Jeanne d'Arc. — Comment on perdait la notion de sa noblesse.— Les d'Allard.

Pour donner une idée du nombre des familles nobles qui renoncèrent à leur état pour s'adonner au commerce, il doit suffire de noter que, pour la seule province de Normandie, on trouve au Cabinet des titres deux volumes in-folio de lettres de relief de dérogeance octroyées sous le seul règne de Louis XIV. Dans tout le royaume, ces renonciations furent aussi nombreuses, et presque toutes se produisirent dans le courant du xvi° siècle, lorsque la Noblesse, déjà si appauvrie par deux siècles de croisades et trois cents ans de guerre contre les Anglais, reçut le coup de grâce des guerres de religion. Un livre singulièrement instructif sur les vicissitudes des familles nobles serait le recueil des lettres de réhabilitation obtenues par celles qui eurent la fortune de se relever.

Le 12 mai 1548, Geoffroy de Chantepie, marchand de Rouen, est réhabilité dans sa noblesse, ayant établi par documents filiatifs qu'il était « arrière-petit-fils de messire Jehan de Chantepie, chevalier, seigneur de Pontécoulant et aultres lieux, tué devant Caen par les Anglois, à qui il avoit faict lever le siège du Mont Sainct Michel. » [1]

Au mois de décembre 1646, « Jean de Lingendes, évesque de Serlat, Antoine de Lingendes, écuyer, seigneur de Bourgneuf, l'un des gentilshommes ordinaires du Roy et de la Reyne, Nicolas de Lingendes, maistre d'hostel du Roy, Charles de Lingendes, aussy maistre d'hostel ordinaire, et Jehan de Lingendes, conseiller au presidial de Moulins et maistre des requestes de la Reyne, tous originaires de Bourbonnois, exposent qu'ils sont issus de noble et ancienne race ; que Guillaume de Lingendes reprit en hommage-lige du comte de Clermont ce qu'il avoit aux paroisses de Thiel et de Marry l'an 1300 ; un

[1] *Doss. bleu* 4430, Chantepie, p. 2.

autre Guillaume de Lingendes, aussy damoiseau,
fit hommage, l'an 1342, de mesme que Hugues
de Lingendes, à Pierre, duc de Bourbon ; mais
Jean de Lingendes, leur trisayeul, contraint par
la nécessité, se retira au lieu de Chartrolles où il
fut notaire, de mesme qu'Antoine de Lingendes, son fils, qui fut outre cela châtelain, procureur fiscal et greffier de plusieurs justices par-
ticulières de seigneurs, et eut pour fils Jean de
Lingendes, seigneur de Bouzeaux, lieutenant
criminel en la seneschaussée de Bourbonnois,
et père d'Antoine, Pierre et Michel de Lingendes, lequel Antoine fut secrétaire de la Reyne
de Navarrhe, puis de la Reyne Louise, et trésorier du domaine de Bourbonnois, dont est issu
Anthoine de Lingendes, demeurant en l'élection
de Rouanne, l'un des suppliants. Quant à Michel, comme il estoit cadet avec peu de bien, il
fut obligé de faire le négoce affin de mieux élever
es bonnes lettres, comme il a fait, le dict Jean
de Lingendes, évesque de Sarlat, Nicolas et
Charles de Lingendes, ses enfans. Et Pierre de
Lingendes, le second fils de Jean lieutenant criminel, fut receveur général des finances à Moulins, intendant des Reynes Elisabeth et Louise
en Bourbonnois, et eut pour fils Gilbert de
Lingendes, autre suppliant... » Sur cet exposé,

les suppliants obtinrent lettres de réhabilitation de noblesse. [1]

Autres lettres du mois de janvier 1700 : « Nostre très cher et bien amé Louis de la Chapelle nous ayant très humblement faict remonstrer qu'il est de l'ancienne famille de la Chapelle », et qu'il descend de Louis de la Chapelle qui « fut tué à la bataille de Jarnac et ne laissa qu'une fille qui fust mariée au comte de la Suze » ; et le dit Louis eut un frère, René, qui fut l'aïeul de « Louis de la Chapelle, lequel s'estant habitué en nostre ville de Laval, où il s'engagea dans un gros commerce, retrancha de son nom *de la* et s'apella seulement *Chapelle* » ; lequel Louis était l'aïeul de l'exposant « qui est avocat en nostre parlement et procureur fiscal au comté pairie de Laval... Mais, parce que Louis de la Chapelle, aïeul de l'exposant, a, par le commerce qu'il a faict, dérogé à sa noblesse et que l'exposant a pris des fermes... », Louis XIV lui octroie sa réhabilitation, et le juge d'armes lui reconnaît pour armoiries « celles qui ont esté portées de tout tems par ceux de sa famille et qui sont un escu d'argent à 9 mouchetures d'hermine de sable posées 3-3-2-1. » [2]

---

[1] *Généalogies*, p. 180-182.
[2] *Pièces orig.*, t. 675, doss. 15778, p. 171-175.

Le commerce et les fermes permirent donc à beaucoup de dérogeants de se réhabiliter ; mais combien de nobles familles sombrèrent jusque dans les bas-fonds de la société ! Mr le marquis de Belleval cite un pauvre gabelou du nom de la Cerda, d'extraction royale. Les derniers représentants directs de la famille de Jeanne d'Arc sont aujourd'hui, à Paris, l'un brigadier des douanes, l'autre emballeur, et portent avec un légitime orgueil le nom de « Dulys ». Toutes les provinces, tous les temps ont vu de ces ingrates déchéances. Heureux encore ceux des appauvris qui gardaient le souvenir de leur noblesse première ; mais parfois il s'oblitérait, soit parce que la famille s'enfonçait de plus en plus dans les ténèbres de la roture, [1] soit parce que le fils, ayant perdu ses parents au berceau, n'avait pu recueillir de leur bouche le patrimoine des traditions de la race. L'histoire de la famille d'Allard présente un exemple frappant de ce fatal oubli, réparé par un heureux hasard.

---

[1] Mr Hugues d'Arbigny de Chalus, Membre Honoraire du Conseil Héraldique de France, m'écrivait, le 24 nov. 1882 : « Un de mes cousins, maire en Haute-Saône, a découvert qu'un paysan de sa commune était baron de vieille souche, sans se douter même de ce que pouvait être une baronnie. En un siècle bien des choses s'oublient. »

« *Factum pour Claude Allard, escuyer, sieur des Tournelles, conseiller du Roy, controlleur général des finances à Lyon, appelant d'un jugement de M*^r *Dugué, intendant de la généralité de Lyon, du 3 mars 1668, luy deffendant de prendre la qualité d'escuyer à l'advenir, — et pour Denys Allard, escuyer, sieur de Paradis, seul Escuyer de Mademoiselle, intervenant.*

«... Estant en la ville de Paris pour relever son appel, l'appelant auroit appris que feu Pierre Allard, son père, qui l'avoit laissé en bas-âge, sans avoir pu luy donner connoissance des poursuites qu'il faisoit en la Cour des Aydes de Paris pour se faire relever de la dérogeance de Denys Allard son ayeul, avoit mis les titres de sa famille entre les mains d'un procureur pour poursuivre l'enregistrement des lettres qu'il avoit obtenu contre la dérogeance dudit Denys Allard, lesquels titres l'appellant ayant retiré, il a connu qu'il estoit noble d'extraction et d'ancienneté, au lieu qu'il ne croyoit l'estre que par le privilège de la charge que son ayeul et son père avoient possédé avant luy, et les ayant produit sur son appel, il a fait voir : que le dit Pierre Allard, controlleur général des finances à Lyon, est fils de Jean Allard, pourveu de la mesme charge, et de Toussainte Doment; que [ledit] Jean estoit fils

de Denys Allard et de Catherine Baraillon ; que
ledit Denys estoit fils de Louys Allard et de Marguerite du Taillot ; que le dit Louys estoit fils de
Pierre Allard et de Magdelaine de Villemond ;
et que ledit Pierre estoit fils de Jacques Allard
et de Marguerite de Sainte-Colombe. Et pour
justifier que ledit Jacques Allard vivoit noblement, estoit qualifié noble et seigneur de Mexi-
liac en Vivarez, dès l'année 1458 qu'il avoit
espousé damoiselle Marguerite de Sainte-Colombe, l'appellant a produit, etc. » [1]

[1] Chartrier de Beauvoir, n° 818, imprimé.

CHAPITRE XXVIII

La plus ancienne vérification de noblesse. — Recherches des usurpateurs. — La recherche de Montfaud. — Vexations et persécutions. — Nobles imposés à la taille. — Procès dispendieux. — Le privilège des bourgeois. — Louis XI, « ce bon rompu de Roy ».— L'édit des francs-fiefs et ses conséquences. — La déclaration de 1661. — Renoncements douloureux. — Avidité des traitants. — Supercheries généalogiques. — Sentences trop rigoureuses. — Misères des réhabilités. — L'émigration. — C'est la révolution qui a fait de la Noblesse uue classe fermée. — La restauration nationale.

La plus ancienne vérification de noblesse que nous connaissions est de l'an 1262 : un arrêt déclare que Pierre aux Massues, chevalier, est digne d'être chevalier, attendu qu'il a prouvé que son aïeul, Jehan de Champougnes, l'avait été.[1] Ces vérifications, individuelles ou collectives, étaient justes, nécessaires, utiles aux peuples, puisqu'elles avaient pour but et pour effet

---

[1] Arch. Nat., *Olim*, t. I, fol. 27. — Boutaric, t. I, n° 661.

d'empêcher les usurpations de noblesse et par
suite de restreindre le nombre des privilégiés,
exempts du paiement des tailles. La recherche
des usurpations fut souvent réclamée soit par les
collecteurs responsables des impositions, soit par
les élus des villes ou les États généraux, et plus
tard par les intendants des provinces. La recherche de Raymond de Montfaud en Normandie, en
1463, est particulièrement connue, et fit rentrer
dans la catégorie des taillables plus d'un geai
paré des plumes du paon. Les nobles, ou se disant tels, de la province du Maine, durent com-
paroir, en 1518 et 1540, devant les élus du
Mans et produire leurs preuves. Défenseurs inté-
ressés des populations, les élus n'hésitaient pas
à taxer au rôle des tailles quiconque, fût-il de
l'extraction la plus incontestablement noble, faisait ou seulement paraissait faire acte de trafic,
et leur âpreté dégénéra fréquemment en persécution : il suffisait que l'on fût absent, retenu loin
de ses terres par le service du Roi, par la guerre
ou toute autre cause, pour être inscrit, à son insu,
parmi les taillables, et, à son retour, forcé de
soutenir contre les élus un procès toujours dispendieux. De lettres données, le 3 octobre 1441,
par Charles VII à Thibaut de Cherbaye, il appert que « Michel, son père, aiant esté conservé

en ses droictz de noblesse de tout tems, mesme par sentence donnée par les commissaires lors deputez par le roy Charles VI, et luy s'estant retiré dans la ville d'Angiers à cause de sa vieillesse et guerres des Angloys, les habitans de la dicte ville l'aiant imposé en quelques emprunts, il auroit obtenu aultre sentence conservatrice de sa quallité... » [1] Mr Borel d'Hauterive relate un curieux exemple de noble imposé à la taille, et réhabilité dans son droit.[2] En 1525, les élus de Lisieux « imposèrent aux tailles Jean, seigneur d'Annebaud et de Brestot, père de Claude, maréchal et amiral de France, lieutenant général au gouvernement de Normandie, et de Jacques, cardinal du Saint-Siège, évêque de Lisieux, grand aumônier de France, pour avoir herbagé et engraissé des bœufs sur l'une de ses terres, en intention, comme l'on croit, de les revendre. Cela n'étoit proprement qu'une œconomie *qui n'est pas si odieuse en effet qu'elle est en apparence*, et nos Rois relèvent avec justice ceux qui la pratiquent ».[3] On croit rêver quand on lit l'indulgente atténuation de Gilles-André

---

[1] *Doss. bleu* 1882, p. 2.
[2] *Annuaire de la Nobl.*, t. XVI, p. 145.
[3] La Roque, *op. cit.*, p. 252.

de la Roque, et cette réflexion vient à l'esprit que
le privilège des bourgeois était autrement sérieux
que le privilège des Nobles. Si les élus, sous un
prétexte si parfaitement absurde, se croyaient en
droit de *tailler* de si hauts et puissants seigneurs,
que ne devaient-ils pas se permettre envers les
gentilshommes de moindre envergure, appauvris, ruinés, obligés de vivre des fruits de leur
domaine amoindri?

Dans la deuxième moitié du xv° siècle, les
rangs de la Noblesse étaient si clairsemés et le
nombre des roturiers possesseurs de fiefs, et se
dispensant de payer les tailles,[1] si grand que
Louis XI, « ce bon rompu de roy », comme l'appelle Brantôme, voulut faire d'une pierre deux
coups : le célèbre édit des francs-fiefs eut ce double effet de régulariser l'état des nouveaux fieffés
et de remplir les caisses du Trésor ; et même il
advint ce fait curieux que, pour s'épargner les
frais de la recherche de leurs preuves et d'une

[1] Dans certaines provinces, avant l'édit de mai 1579, la
possession féodale anoblissait : par sentences du parlement
et de la chambre des comptes de Dauphiné, en 1461,
Pierre Rolland, bourgeois de Grenoble et coseigneur d'Argenson, fut déclaré exempt des tailles, « quoique plé-
béien », parce qu'il possédait le château d'Argenson. — G·
de Rivoire la Bâtie, p. 635.

instance en maintenue de noblesse, d'excellents gentilshommes préférèrent légaliser leur possession d'état en acquittant la taxe des francs-fiefs. [1]

Le 8 février 1661, Louis XIV rendit une « Déclaration pour la recherche et condemnation des usupateurs de noblesse, à l'honneur des véritables gentilshommes et au soulagement des autres subjets taillables du Royaume ».[2] Cette déclaration, et les suivantes qui la confirmèrent en l'aggravant, jetèrent dans les rangs de la Noblesse un trouble si profond qu' « un grand nombre de gentilshommes, pour échapper aux taxes de la capitation afférentes aux titres héraldiques qu'ils portaient, déclarèrent se désister des titres dont ils s'étaient honorés jusque-là ; » rien qu'en Bretagne, « on compta jusqu'à 67

---

[1] La Roque, ch. xxxii, p. 106 : « J'ay remarqué qu'il y en a quelques-uns d'ancienne noblesse qui, ayant acquis des fiefs et arrière-fiefs, avoient trouvé à propos d'estre maintenus et confirmés en leur qualité en vertu de la charte générale. » Cette pratique n'était pas nouvelle : en 1314, Geoffroy Courtin est inscrit au « Rôle des finances pour les francs-fiefs » ; la conformité des prénoms permet de présumer qu'il tenait de près à Geoffroy de Courtin, chevalier vivant en 1279. (Preuves, nos 53, 54.) — Montfaud dit des Bras-de-Fer, anoblis par la charte des francs-fiefs, qu' « ils sont nobles de tout temps ». — Cf. A. du Buisson de Courson, Rech. Nobil., p. 118, note 1.

[2] Clairambault, t. CMXXVIII, fol. 66.

gentilshommes, chefs de nom et d'armes, qui renoncèrent à leurs titres héraldiques. »[1] Chaque province vit de ces abdications. « Lors des réformations de noblesse, — mesures purement fiscales, équitables dans leur principe, mais faussées dans l'application par les commissaires royaux, la plupart bourgeois revêches, portés à transformer leur mandat de recherches en tactique de vexations, — bien des familles anciennement et authentiquement nobles, trop pauvres pour subvenir aux frais de revendication de leur état, trop fières pour avouer leur pauvreté, obsédées, abreuvées de dégoûts et de persécutions, préférèrent se laisser dépouiller sans bruit de leur prérogative héréditaire. »[2] A côté des intendants commis à la recherche des usurpateurs, il y avait les traitants, qui, ayant affermé le produit des poursuites, les exerçaient avec une activité dévorante, avec une rigueur d'injustice qui, plus d'une fois, leur attira de sévères mercuriales. En 1700, le premier président du parlement de Paris dit à l'avocat des traitants, au sujet de la famille du poète Boileau, laquelle établissait par titres au-

---

[1] A. du Châtellier, *Des réformations de la Nobl. de Bret.*, dans la *Revue Nobil.*, t. XII, p. 12-14.

[2] O. de Poli, *Rech. sur la fam. de St Vinc. de Paul*, p. 14.

thentiques que sa noblesse remontait à l'an 1342:
« Le Roy veut bien que vous poursuiviez les faux
nobles de son Royaume, mais il ne vous a pas
donné pour cela permission d'inquiéter les gens
d'une noblesse aussi avérée que sont ceux dont
nous venons d'examiner les titres. Que cela ne
vous arrive plus ! » [1] Allez, et ne péchez plus !
mais les traitants continuèrent à pécher, et à
faire de l'eau trouble, — pour y pêcher. Toute
famille appelée à faire ses preuves devait justifier
d'un partage noble remontant au moins à cent
ans, et produire, pour le courant du XVI° siècle,
au moins trois actes originaux, et deux pour les
siècles antérieurs. Il fallait être bien riche pour
se lancer dans des recherches ardues, dans la
reconstitution des preuves, toujours si difficile,
lorsque les documents probatifs, chartes, contrats, aveux, pierres tombales, étaient épars dans
vingt endroits ; combien le temps en avait détruit, et les guerres, et les accidents ordinaires
de la vie ! S'il y avait eu dérogeance, il fallait
prouver cent ans de noblesse antérieurement au
dérogeant ; preuve presque toujours impossible
à faire lorsque la famille était originaire d'une

[1] *De la nobl. des médecins et des avocats*, Paris, 1860,
in-8°, p. 10.

province éloignée de celle où elle se trouvait établie depuis moins d'un ou deux siècles. L'ingéniosité de paléographes complaisants vint au secours des persécutés ; parfois des preuves furent fabriquées de toutes pièces ; plus communément, on se contenta de copier les actes authentiques de la famille en cause, mais en les antidatant, de manière à atteindre la somme d'années nécessaire pour être maintenu ou réhabilité ; par malheur, on avait affaire à forte partie, et les collections des d'Hozier, notamment celle des *Carrés*, abondent en constatations de ces supercheries, trop souvent mises au service de droits moralement évidents, mais dénués de preuves matérielles.

Certaines sentences des commissaires royaux apparaissent empreintes d'une rigueur odieuse jusqu'à l'iniquité : Philippe du Bois, écuyer, seigneur de Chevillon, établit qu'il était fils de Claude du Bois, écuyer, seigneur de Chevillon, et petit-fils de François du Bois, écuyer, seigneur de Chevillon, « la maison duquel où estoient les tiltres et pièces justificatives de leur noblesse fust bruslée et pillée pendant la Ligue ; et que le dict Francoys estoit fils de Christophle du Boys, escuier, seigneur de Chevillon. » Ce qui n'empêcha pas l'intendant Caumartin de con-

damner Philippe du Bois, [1] encore que sa mère
fût une Le Febvre, mais sans doute pas une Le
Febvre de Caumartin. Et pense-t-on que les maintenus ou les réhabilités, pour avoir à grand labeur
et grands coûts obtenu des « lettres royaux » ou
des sentences favorables, fûssent dorénavant à
l'abri des recherches, des dépenses et des persécutions ? Telle famille, comme les Billeheust, de
1661 à 1781, pourrait exhiber une douzaine d'ar-
rêts de maintenue. [2] Les d'Allard, [3] les Courtin
du Forez, [4] les Champagny [5] en comptent également une série. Quand on croyait tout fini, tout
était à recommencer, et chaque fois il fallait
payer pour être considéré.... comme Noble.
Louis XIV, au mois de décembre 1692, révoque
toutes les réhabilitations ; en 1696, déclare que
les réhabilités seront confirmés en payant finance;
en 1698, qu'ils produiront les titres justificatifs
de leur noblesse ; en 1703, qu'ils seront tenus de
rapporter les dits titres depuis 1560 ; en 1710,
révocation générale des confirmations. [6] Jusqu'au

[1] *Doss. bleu*, 2583, Du Bois de Chevillon, p. 7.
[2] A. du Buisson de Courson, *Rech. Nobil.*, p. 303.
[3] *Chartrier de Beauvoir*, nos 819-822, liasses.
[4] *Preuves*, nos 2203, 2210, 2212, 2216, 2269, 2270,2314.
[5] *Preuves*, no 2064.
[6] Clairambault, t. CMXXVIII, fol. 77o-14 vo.

règne de Louis XIV, les réformations avaient été simplement fiscales et répressives ; la bascule des édits contradictoires, l'avidité des traitants, la rigueur des intendants donnèrent à la réformation du xviiᵉ siècle un caractère lamentable d'aggression, dont eut plus particulièrement à souffrir l'ancienne Noblesse, la Noblesse d'épée, parce que son ancienneté même et ses vicissitudes rendaient plus difficile la production de ses titres. Et que d'anomalies dans les décisions des commissaires royaux ! Jean-Louis de Cabannes, — frère aîné de Jean-Jacques de Cabannes de Lanneplan, maintenu dans sa noblesse en 1696, — est classé comme « roturier » dans une convocation de ban faite, au même temps, par l'intendant de Guyenne. En 1715, la maison de Cabannes est condamnée pour usurpation de noblesse dans une de ses branches, tandis qu'elle est maintenue dans trois autres par plusieurs ordonnances des intendants. Pour se délivrer des persécutions, elle acquit à beaux deniers une confirmation, qui fut annulée presque aussitôt par l'édit général de 1710.[1] C'est une tache au soleil du grand Roi, une tache d'injustice et d'ingratitude, que cette mise en coupe réglée de

---

[1] O' Gilvy, *Nobil. de Guyenne*, t. I, p. 139-140.

la Noblesse, déjà si appauvrie par des siècles de généreux sacrifices, et livrée, comme une proie fructueuse, aux serres des traitants. Moins de cent ans après, la révolution achève l'œuvre de persécution et de spoliation ; la Noblesse prend le chemin de l'émigration, autre voie d'honneur et de misère. On a pu la comparer, privée de sa suprématie sociale, « à ces grands chênes que l'orage a déracinés, et qui languissent desséchés sur la terre qui les a longtemps nourris ».[1] La comparaison n'est plus exacte : en faisant de la Noblesse une classe fermée, la révolution l'a bien involontairement replacée au dessus du corps social. « Dans les autres pays, la Noblesse ouvre régulièrement ses portes à toutes les sommités nationales ; une démocratie, encore plus maladroite qu'envieuse, les a fermées complaisamment sur un petit cénacle qui la laisse se morfondre au dehors. C'est une des mystifications les plus singulières dont l'histoire fasse mention. »[2] Aujourd'hui, cent ans après le cataclysme qui noya dans le sang les fanges du xviiie siècle, la Noblesse n'a pas perdu son salutaire prestige ; elle apparaît comme une des pierres d'attente de

[1] Michaud, t. VI, p. 241, note 2.
[2] G. d'Orcet, *Les grands pauvres*, p. 174.

la restauration nationale, de cette Monarchie,
traditionnelle par son principe, moderne par
son fonctionnement, qui renationalisera, pour
ainsi dire, plus intimement la Noblesse en rou-
vrant ses portes à tous les mérites.

CHAPITRE XXIX

Négligence coutumière des familles nobles. — *Impedimenta*
généalogiques. — Il ne faut rien détruire. — Les ennemis intimes des parchemins. — Gargousses et pots de
confiture. — Les changements de nom. — Onomastique
de la géographie féodale. — Piété familiale. — Les Lusignan, les Vezins, les Milly. — Les croisés en Terre-
Sainte. — Combien j'ai douce souvenance. — Peau neuve.
— Fourmilière d'homonymes. — Écart social. — Le train
de l'humanité.

« La Noblesse, écrivait en 1743 le président
Chevalier, a été dans tous les tems si distinguée,
tant par le lustre et la prééminence qu'elle donne
à ceux qui en sont décorés, que par les privilèges particuliers qui y sont attachés, que je ne
puys assés m'étonner qu'il y ait des personnes
assés peu curieuses de cet honneur pour négli-
ger ce qui le peut conserver ; c'est cependant ce
qui se rencontre aujourd'huy très communément, et il y a quantité de familles très anciennes et très respectables, lesquelles, si elles

étoient obligées de justifier leur noblesse, se trou-
veroient très embarrassées, n'ayans en leur possession aucuns titres de leur famille. » [1]

« La famille qui a le plus d'intérêt à la conservation de ses titres, dit Dom Caffiaux, n'est pas
toujours la plus attentive et la plus vigilante, et
souvent les titres déplacés, à l'occasion de quelque partage ou de quelques autres contrats,
demeurent entre les mains des alliés. » [2]

Les difficultés que rencontre le généalogiste
consciencieux ne procèdent pas toutes de la négligence des familles. *Ascende superiùs!* est sa
devise, à lui aussi ; mais force lui est de s'arrêter,
lorsque le filon de lumière lui fait défaut. Assurément beaucoup de gentilshommes n'eurent point,
pour la conservation de leurs titres de famille,
tout le soin désirable ; par exemple, il appert
d'annotations inscrites au dos d'un certain nombre de pièces du chartrier de Beauvoir, au xviii°
siècle, que d'autres furent détruites comme
« crues inutiles ». Qui sait, cependant, si elles
n'eussent pas servi à faire la lumière sur quelque
point de la généalogie ? C'est, en pareille matière,

---

[1] *Pièces orig.*, t. 745, doss. 16942, Chevalier de Saint-
Hilaire, p. 10.
[2] *Trésor généal.*, 1777, p. XXXI.

une règle absolue qu'il ne faut rien détruire. Les parchemins, sans parler du vandalisme révolutionnaire, ces sûrs témoins du passé ont déjà tant d'ennemis intimes, tant de risques de destruction : la vieillesse, l'humidité, les rongeurs, et, il n'y a pas bien longtemps encore, les pots de confitures. Passe pour les parchemins dont la république fit des gargousses ; on chargeait les canons avec notre vieille gloire ; ce n'était pas déroger ; mais les pots de confitures !...

D'autres causes constituent, pour le généalogiste, de graves *impedimenta* ; les homonymies aussi bien que les changements de nom, si fréquents autrefois, en dépit de l'ordonnance d'Amboise,[1] et qui souvent déroutent la chronologie, « cette guide de l'histoire », comme l'appelle Guichenon. Dès le xive siècle, les seigneurs de Montesson quittent leur antique nom de « Hubert », pour ne plus porter que celui de leur fief. Au xvie, les Courtin, seigneurs de Centigny, ne s'appellent plus que de ce dernier nom. Pierre d'Hozier ne

---

[1] Henri II, 26 mars 1556 : « Défenses sont faictes à toutes personnes de changer leurs noms et leurs armes, sans avoir obtenu des lettres de dispense et de permission, à peine de mille livres d'amende, d'estre punis comme faussaires et estre exauthorés et privés de tout degré et privilège de noblesse. »

découvrit pas que le nom originel de la famille « d'Abatant » était « Courtin », et il la confondit avec l'ancienne maison d'Abatant. [1] Combien d'autres confusions du même genre ont dû se produire ! C'était, dans la Noblesse, une coutume très ancienne que de porter le nom de son fief, et toute normale à l'origine, puisqu'elle était le signe et l'affirmation de la possession féodale. D'ailleurs, le nom du fief était le plus souvent composé du prénom ou du surnom de son premier possesseur, l'auteur du lignage, et du *châtel*, ou de la *cour*, [2] ou de la *ville*, ou du *mont*, ou de la *ferté*, ou de la *motte*, ou de la *roche*, ou du *bois*, ou du *champ*, ou du *val*, ou du *mas*, etc., qu'il avait reçu en partage ; ainsi, par exemple, s'étaient formés les noms de Château-Briand, de Court-Alain, de Ville-Hardouin, de Mont-Doubleau [3], de la Ferté-Bernard, de Bois-Guyon, de Champ-Aubert, de la Roche-Foucauld, de la Mothe-Achard, de Vau-Girard, de Mas-Gontier, etc. Le nom ainsi composé devint généralement

[1] *Pièces orig.*, doss. d'Abatant, p. 2.

[2] *Curia* ou *curtis*.

[3] *Cartul. de* St *Vinc. du Mans*, B. N., p. 81, charte d'Eudes, comte de Chartres, ann. 1015 : « Quidam fidelium nostrorum, Hugo scilicet Dublellus... in proprio castro quod ab ipsius cognomine Mons Dublelli vocatur...»

celui de la race; mais, dans les premiers temps
de la féodalité, le surnom ou le prénom est souvent porté seul, sans l'indication du château, de
là cour, du mont, etc., et même devient le
patronymique de branches cadettes : ainsi les
sires de Mont-Doubleau ou de Mont-Barbat sont
indifféremment appelés, dans les chartes des
xie et xiie siècles, de *Monte Dublello* ou *Dublellus*[1], *de Monte Barbato* ou *Barbatus*[2]; on trouve
des Châteaubriand appelés simplement Briand; [3]
les Monteynard, seigneurs du fief de ce nom, ne
sont le plus souvent appelés, jusqu'au xiiie siècle,
que « *Aynardus* »; [4] les « Daniel », chevaliers
manceaux, sont indifféremment nommés ainsi
ou « *de Danieleria* »; [5] et les *Aenus* du Maine

[1] Charte de 1101 : « Paganus Dublellus ». Charte de
1108 : « Paganus de Monte Dublello. » (Mabille, p. 62, 75.)

[2] Chartes de 1080-1105 : « Ernaldus Barbatus... Ernulfus
de Monte Barbato. » (*Cartul. de St Vinc. du Mans*, B. N., p.
147, 155, 171, 325-328.)

[3] De 1125 à 1226 : « David de Castro Brientii » (*Coll.
d'Anjou*, t. IV, n° 1446; t. V, n°s 1961, 2011; t. VI, n°s
2135, 2528; t. XII, n° 7591, 7622; t. XIII, n° 10015) —
En 1335, « noble homme Mʳ Davy Brian, chevalier ». (*Ibid.*,
t. VII, n° 3557.)

[4] Cᵗᵉ de Monteynard, *Cartul. de Domène*, pass.

[5] *Coll. d'Anjou*, t. VII, n° 2867, ann. 1240 : « Mauricius
de Danieleria, miles. » En note : « Dans un acte précédent,
à la mesme page du Cartulaire, il est appelé *Mauricius Daniel miles.* »

doivent certainément être attribués aux « *de Curte Aeni* ». [1] Lorsque le lieu donné en fief avait déjà sa dénomination propre, souvent il recevait comme suffixe le nom ou le surnom de son premier seigneur : tels Cossé-le-Vivien, Chemiré-le-Gaudin, Auvers-le-Hamon, Epineux-le-Seguin, Varennes-Lenfant, et des milliers d'autres. Cette coutume servait à distinguer les fiefs du même nom, ordinairement plus ou moins nombreux dans un même rayon, parce que, surtout à partir du milieu du xiie siècle, par un sentiment d'orgueil légitime et de piété familiale, les juveigneurs imposèrent fréquemment à leur apanage le nom de leur race. Parlant des Lusignau, Mr de Bourrousse de Laffore, l'un des présidents d'honneur du Conseil Héraldique de France, dit : « Ils ont fondé en Agenais, depuis la fin du xiie siècle, des châteaux auxquels ils ont donné le nom de leur race et de leur château patrimonial du Poitou. » [2] Les seigneurs de Vezins, chassés de leur château, se retirèrent à Mayet où ils en bâtirent un autre qu'ils appelèrent Vezins. [3] La maison forte d'Eydoche, étant entrée dans la famille de la Porte, fut communément appelée « le château de la

---

[1] *Preuves*, nos 10, 12, 29, 40, 42, 49.

[2] *Les Lusignan du Poitou et de l'Agenais*, p. 79,

[3] Legeay, *Rech. hist. sur Mayet*, p. 245, note.

Porte ».[1] Les seigneurs de Mont-Gaudry avaient
deux châteaux de ce nom.[2] Les Milly, devenus
seigneurs de Courcelles en Saint-Etienne-la-
Varenne, au xve siècle, donnèrent à cette terre
leur nom de Milly, qu'elle a conservé.[3] Mgr de
Neuville, archevêque de Lyon, ayant acheté la
terre de Timy, la dépouilla de ce nom pour l'appeler Neuville. Nous avons vu Pierre de Bardonnenche, d'un antique lignage appauvri, imposer
le nom du berceau de sa race aux domaines qu'il
acquit près de Lyon, lorsque le négoce l'eut enrichi. Les exemples abondent de ces changements
de dénomination, inspirés le plus souvent aux
seigneurs par un respectable attachement pour
les lieux où ils avaient reçu le jour, où s'était
épanouie leur enfance, où avait grandi leur lignage. C'était ce même sentiment qui portait les
croisés à donner à tels de leurs fiefs de Terre-
Sainte des noms de France ; les Arabes à donner
à Séville le nom d'Émèse, à Grenade celui de
Damas.

J'ai dit que l'addition du prénom ou du surnom du seigneur féodal au nom de sa terre ser-

---

[1] A. de la Porte, *Hist. généal.*, p. 50.
[2] Pitard, p. 278.
[3] Chartrier de M[r] le comte de Thy de Milly, au château
de Berzé, *Terrier*.

vait à distinguer entre eux les fiefs homonymes ;
voici, dans le Maine, peu distants les uns des
autres, Auvers-le-Hamon et Auvers-le-Courtin,
Sillé-le-Guillaume et Sillé-le-Philippe, Assé-le-
Bérenger, Assé-le-Boisne et Assé-le-Riboul,
Sougé-le-Ganelon, Soulgé-le-Bruant et Soulgé-
le-Courtin. Dans la même province, aux xie et xii^e
siècles, le fief de Courtin (aujourd'hui Courtoin,
en Nouans) est appelé Courtin l'Ain, [1] sans doute
pour le distinguer de fiefs du même nom situés à
Gesvres [2] et à Saint-Ouen-de-la-Cour. [3]

A partir du xive siècle, et surtout après, lorsque des seigneurs répudient leur vieux nom patronymique pour ne prendre que celui de leur
fief, c'est le plus souvent pour l'un de ces deux
motifs : ou c'est un noble de fraîche date qui
veut faire peau neuve et faire oublier l'humilité
de son origine ; ou c'est un noble d'ancienneté
qui appréhende d'être confondu avec des homonymes roturiers, lesquels cependant pouvaient
fort bien être de son estoc, sans le savoir eux-
mêmes. On a vu, par l'exemple de Pierre Allard,

[1] *Preuves*, n°s 36, 38, ann. 1219 : « Cortin Aienne ». Voy.
aux *Preuves*, n° 10, note 1.

[2] L. Maître, *Dict. topogr.*, p 101,

[3] Carte de Cassini.

avec quelle facilité pouvait se perdre la notion
d'une origine noble. Au moyen âge, avec des
dix et quinze enfants, qui la plupart en avaient
ensuite autant, le nom se multipliait rapidement,
à l'infini, et bientôt c'était une fourmilière d'homonymes, les uns favorisés, les autres maltraités
par la fortune; tandis que ceux-ci montaient
dans la noblesse, ceux-là tombaient dans la roture; la poussière des âges aidant, la trace
même d'une commune extraction se perdait
d'autant plus vite que l'écart social était plus
considérable. On a dit que les malheureux n'ont
pas d'amis : avec le temps, ils n'ont plus même
de parents ; c'est le train de l'humanité.

CHAPITRE XXX

Migrations des familles. — Leur genèse. — Pudeur de pauvreté. — Les Évêques et les Abbés. — Mariages de grands
seigneurs. — Officiers du Roi. — Désordre et ténèbres.
— La cape et l'épée. — La maison de Chastellux. — Filiation perdue. — Logogriphes onomastiques. — Latinisations barbares. — Faussaires et fantaisistes. — Les
Damas. — Vercingétorix et le premier Choiseul. — Tout
est bien qui finit bien.

Les changements et les usurpations de noms ne
sont pas les seuls obstacles que rencontre le pion-
nier généalogique ; les migrations des familles
sont une des sources les plus communes de son
embarras. Ces migrations, dans les vieux temps,
procédaient généralement des causes que je vais
énumérer : les mariages hors de sa province, les
aventures de guerre ou de garnison, des fonctions
quelconques, ecclésiastiques, militaires ou civiles,
le commerce, l'exercice des professions libérales
dans les villes, la volonté d'aller abriter sa pauvreté loin des lieux où l'on fut riche et puissant,

« Au moyen âge, dit excellemment M^r le comte Anatole de Bremond d'Ars, l'un des présidents d'honneur du Conseil Héraldique de France, les Évêques étaient fort souvent, et même presque toujours suivis dans leur diocèse de quelques membres de leur famille, et c'est à cette cause que l'on doit attribuer l'établissement de certaines maisons dans des provinces éloignées de leur berceau. »[1] Il en était de même pour les abbés de monastères, dont quelques-uns, puissants seigneurs temporels, avoient à leurs gages de très nombreux officiers de rang et de nature divers. Les mariages des grands seigneurs amenaient aussi des déplacements de gentilshommes, qui suivaient leur suzerain dans ses possessions nouvelles. D'autres allaient, loin de leur pays d'origine, mettre leur épée au service d'un prince, recevaient de sa munificence quelque domaine, et faisaient souche dans ses états. Beaucoup allaient occuper, de par le Roi, hors de leur province, des offices de judicature ou de finance, des postes de baillis ou de châtelains, de vicomtes, de contrôleurs ou de gardes-du-scel, se mariaient là, et faisaient souche sans esprit de retour au pays des ancêtres. D'aucuns même.

---

[1] *Maison de Bremond d'Ars*, 1874, in-8º, p. 5.

troquaient leur nom contre celui de leur femme, ou de sa terre dotale. Allez donc discerner, dans ce désordre, sans une étude scrupuleuse, les tenants d'une même race ! Quelques générations suffisaient pour oblitérer le souvenir des origines, d'autant plus que les émigrants n'emportaient communément avec eux que leur cape et leur épée, sans un seul de leurs titres de famille, qui naturellement demeuraient au lieu patrimonial, à la garde de l'aîné. La maison de Chastellux n'a connu que récemment, par la découverte d'une charte authentique, qu'elle était un ramage de l'antique lignage des sires de Montréal. [1] Au xviii° siècle, Blandine Courtin de Caumont, femme d'un Courtin de Saint-Vincent, perdit un procès parce qu'elle ne put pas établir une filiation de quelques degrés, qu'aujourd'hui j'ai très aisément dressée.

Et puis, il y a les logogriphes onomastiques, les dénaturations incroyables des noms par les scribes latinisants du moyen-âge, [2] par les chro-

---

[1] Borel d'Hauterive, *Ann. de la Nobl.*, t. XXXVII, p. 112-113.

[2] Durand de Courson est appelé, au xi° siècle, dans une charte de Geoffroy II, comte d'Anjou, *Durandus Corsonus* (Salmon, *Livre des serfs de Marmoutier*, p. 16), et dans une charte de St Nic. d'Angers, *Durandus Corpus suum.* (*Statuta monast.*, fol. 148 v°.) — Geoffroy Boissel ou Boisseul est appelé, au xii° siècle, dans une charte de Marmoutier,

niqueurs, [1] par les tabellions; les erreurs de lecture ou de copie; [2] les bizarreries de dialectes; [3]

Gausfridus Boissellus (*Cartul.*, t. IV, p. 159), et, dans une autre, *Gaufridus Bibens solem* (*Ibid.*, t. I, p. 403.) Dans une charte de St Vinc. du Mans, vers 1115, Mainard de Grateuil est appelé *Mainardus de Grata oculum* (*Cartul.*, B. N., p. 213). — *Hugo Curto naso, Herbertus Cortneis* (*Ibid.*, p. 124, 481) et *Andreas Curtus nasus* (Gaignières, *Cartul. de la Couture*, p. 178) sont probablement des Courtenay. Montaigne a fait des gorges-chaudes de ces latinisations macaroniques qui, de la part des scribes monastiques, il faut le dire, découlaient généralement de leur parfait dédain pour tous autres noms que les noms de baptême. Ce dédain est éclatant dans une charte de l'abb. de St-Riquier, de l'an 1043 : « Galterius miles... quem *vano cognomine* Tirellum plerique appellamus... » (*Chronic. Centul.*, 1. IV, cap. xxi. — De Camps, *Nobil.*, t. I, p. 406.) Il s'agit de Gautier Tirel, prince de Poix.

[1] Je ne connais pas de nom plus bellement estropié par les anciens chroniqueurs que celui de Mac-Mahon par Mathieu de Coussy (éd. Buchon, p. 81), qui appelle ce chef irlandais « Mâchemaron ».

[2] Un n pris pour un u, un t pris pour un c, — et l'on sait combien les méprises de ce genre sont faciles dans les anciens textes, où l'n a la même forme que l'u, et le t la même que le c, — suffisent pour rendre contestable l'attribution d'une charte à la famille intéressée. — Clairambault indique « Jean de *Cortuiz*, chevalier », comme ayant été à la croisade en 1218 ; et il faut très probablement lire « *Cortinz* », qui est une des formes anciennes du nom de Courtin. (*Preuves*, n°s 33, 50, 51.) — « Drogo filius *Aui* » figure, vers la fin du xie siècle, dans une charte de St Vincent du Mans (*Cartul.*, B. N., p. 159); peut-être faut-il lire « Drogo filius Ain ».

[3] Voy. aux *Preuves* les notes des n°s 9, 10 (note 1), 42, 49.

les histoires de famille apocryphes ; les filiations
véreuses, les prétentions fantastiques, les généalogies de pacotille, les faussaires comme Haudic-
quer de Blancourt, les fantaisistes ingénieux
comme ceux qui tirèrent l'illustre maison de
Damas d'un soudan de Damas. Je ne sais rien de
plus phénoménal, en ce genre, que l'étymologie
du nom de Choiseul et l'origine de cette grande
race, d'après César de Grandpré ; vraiment c'est
à lire et à méditer : « Choiseuil : Cette maison
est l'une des plus anciennes de France, et le nom
de Choiseuil vient de ce que Vercingetorix dit à
un des grands de son armée, (le menant sur une
montagne) qu'il *choisit* à l'œuil toutes les terres
qui estoient autour de luy ; et qu'il les luy don-
noit. »[1] — Quoi encore ? Les erreurs de typo-
graphie, jetant le généalogiste dans un dédale de
recherches qui se terminent.... par un éclat de
rire.[2] Heureux qui peut éviter tous les écueils !

[1] *Le César Armorial*, 1645, p. 42.
[2] Quel labeur, par exemple, pour débrouiller cette phrase
de l'*Histoire de Mortagne* (page 2), par le baron Patu de Saint-
Vincent. « Au moment de sa mort (Yves de Bellême),
arrivée vers l'année 997, Mortagne dépendait de Bellême et
passa, après Yves, à Guillaume Talvas, son fils selon Bry,
Desnos, et à *René Courtin, son frère*, selon Dom Clément. »
Quelle splendide origine pour les Courtin du Perche et du
Maine ! Que l'ombre de Dom Clément pardonne au malen-

Heureux qui rencontre de sûrs pilotes, et l'on
verra qu'ils ne m'ont pas manqué !

contreux typographe ! La fin de la phrase doit être rétablie
ainsi : «... à Guillaume Talvas, son fils selon Bry, Desnos
et René Courtin, son frère selon Dom Clément. »

CHAPITRE XXXI

Les vingt familles du nom de Courtin. — Preuves ou pré-
somptions d'identité originelle. — La leçon des vicissitudes humaines. — Vaillants paysans angevins. — Dom
Courtin, assassiné par les révolutionnaires. — Le culte
des ancêtres. — Le présent et le passé. — Ce qu'est l'histoire d'une famille. — *Domestica facta.* — Orgueil légitime. — Comment parle un vrai gentilhomme. — Le
pieux des Guerroys.

Il ne me reste plus qu'à expliquer comment
cette étude généalogique, qui dans le principe ne
visait que les Courtin du Forez, a fini par s'éten-
dre à tous leurs homonymes. Pouvais-je éliminer
les Courtin de Pomponne et de Villiers, lorsqu'au xvii siècle et plus tard les Courtin de Saint-
Vincent et de Neufbourg se disaient issus d'eux;
et portaient les mêmes armes? Comment éliminer
les Courtin de Torsay, lorsque leur généalogie,
dressée en 1769, donne comme étant sortis d'eux
les Courtin de Saint-Vincent et de Neufbourg?

Comment éliminer les Courtin de Centigny, incontestablement du même estoc que les Courtin de Torsay? Et les Courtin de la Mothe-Saint-Loup, de Cormeilles et de Crouy, paraissant se rattacher aux Courtin de Pomponne? Et les Courtin de Cissé, les Courtin de la Beauloyère, les Courtin de la Hunaudière, les Courtin de Tanqueux et d'Ussy, les Courtin de Nanteuil, de la Grangerouge et de Clenord, etc., à l'instar des Courtin de Villiers, se prétendant tous issus anciennement du même tronc : les seigneurs de Soulgé-le-Courtin ? Et ces derniers étant très probablement un ramage des seigneurs de Courtin (*de Curte Aeni*), connus au Maine dès le xi° siècle, comment laisser ces derniers à l'écart? L'horizon de mes recherches s'est, par ainsi, élargi à mesure que j'avançais. Et, de fait, entre tous ces Courtin disséminés dans dix provinces, il y a, pour la plupart, preuve ou présomption grave d'identité originelle. En mettant intégralement sous les yeux du public le fruit de mes recherches, j'ai l'espoir que quelque érudit, plus heureux que moi, pourra découvrir tel point de soudure qui m'a échappé.

En accédant au plan de cette histoire généalogique, M^r le comte de Courtin de Neufbourg n'a pas obéi à un sentiment de vanité qui est à mille lieues de son caractère, mais à une pensée vraiment généreuse ; il sait trop bien, par la leçon des vicissitudes humaines et spécialement des vicissitudes de la Noblesse, que les plus grands ont pu venir des plus petits, et que les plus petits peuvent descendre des plus grands : il a voulu ne répudier aucun de ses homonymes, même de ceux que la fortune n'a pas élevés ou relevés. Et ne sont-ils pas dignes de prendre rang dans une histoire de leur nom, par exemple, ces vaillants paysans angevins du nom de Courtin, fusillés par les soldats de la république pour crime de fidélité à Dieu et au Roi,[1] dans le même temps où la tête de Dom Courtin, arrière-grand-oncle de Mr de Neufbourg, tombait sur l'échafaud révolutionnaire ?[2]

Le culte des ancêtres est vivifiant et doux ; c'est une fleur de l'âme humaine, fleur du souvenir et de l'espérance. Quel hommage ne devons-nous pas à ces chers absents de qui Dieu nous a fait naître, et qu'il a fait partir devant nous, en éclaireurs de l'Éternité ! Honorer leur mémoire est l'acte le plus filial, le plus naturel, le plus noble : c'est féconder dans la race la continuité de

---

[1] *Preuves*, nos 734, 1946.

[2] *Preuves*, no 2469.

leurs vertus, de leurs croyances, de leurs saintes amours, de leurs généreuses passions, de leur patriotisme ; c'est aimer ce qu'ils ont aimé par dessus tout, souvent au prix d'amers sacrifices : l'honneur ! Le présent n'est rien que la résultante du passé et la préparation de l'avenir ; et « qu'est-ce que la vie de l'homme, si le souvenir des faits antérieurs ne rattache le présent au passé ? » [1]

L'histoire d'une famille n'est pas seulement, comme affectent de dire les esprits superficiels, le recueil de ce qu'Horace appelle les *domestica facta ;* c'est aussi l'histoire intime des temps, des pays, des sociétés dans lesquels elle a vécu, lutté, souffert, grandi ou décliné ; mais il est vrai que ces fastes des aïeux sont plus particulièrement profitables à leurs descendants, parce qu'aucun enseignement n'est plus propre à élever le courage, à régler les sentiments, à conforter l'âme que la connaissance de soi-même et de son origine. C'est un orgueil légitime et d'une saine philosophie, puisqu'il implique de plus grands devoirs. Écrivant l'histoire de sa maison, le comte de Boulainvilliers disait à ses enfants :

« Je me suis proposé le dessein de recueillir ce

[1] A. du Buisson de Courson, *Rech. Nobil.*, p. VI.

que les titres de l'histoire nous ont conservé de mémoires touchant la vie, les emplois, les alliances, la fortune, les biens et les disgrâces de nos ancêtres, et d'éclaircir, autant que l'antiquité le peut souffrir, l'origine de notre famille.... Par rapport à mes successeurs, c'est un travail très utile, puisqu'il leur fera connaître un grand nombre d'illustres ancêtres qu'il auroient peut-être ignorés.... Quelque genre de vie qu'ils veuillent embrasser, ils peuvent se proposer d'excellents modèles... Enfin j'espère remédier à l'oubli où les familles tombent insensiblement, surtout dans les tems malheureux tels que ceux où j'ai vécu. J'ai vu, en plusieurs de mes proches, les tristes conséquences de cet oubli, et j'ai appris, par tradition, que quelques-uns de nos pères se sont fait une vanité capricieuse d'ignorer ce qu'ils étoient. [1] Le Ciel préserve mes enfans d'une telle

[1] C'était un sentiment fort commun dans l'ancienne Noblesse, qui volontiers eût dit comme la devise d'une illustre maison féodale : *Gratiâ Dei sum quod sum !* (Par la grâce de Dieu je suis... ce que je suis.) Bertin du Rocheret écrivait, il y a plus de cent ans, à la comtesse de Brugny, née Condé : «... Je ne comprends pas votre délicatesse sur les avantages que vous devez tirer de votre naissance et de vos alliances : il n'y a de la vanité que de s'en prévaloir ou mal, ou mal à propos. Je conviens que nous ne sommes pas les maistres de naistre autres que nous sommes, et que l'on ne doit s'élever au-dessus de sa sphère que par les voyes que

indignité ! Quand on croit devoir beaucoup au Nom et au Sang qui nous a fait naître, on prend rarement des sentimens qui y fassent déshonneur. »

Ce sont là de nobles sentiments, dont je retrouve l'écho dans une lettre de M^r le comte de Courtin de Neufbourg, à qui j'avais signalé certaines particularités de l'histoire de sa famille :

«... Je n'ignorais rien de ce que vous m'avez écrit. Quelle qu'ait été notre origine, quelles que soient les épreuves par lesquelles mes pères auront passé, plus ils auront souffert pour se relever, plus je dois et je veux honorer leur mémoire, en les donnant pour modèles à mes enfants. Ce n'est pas un livre de complaisance, ni de vanité, que j'attends de votre érudition, mon cher ami, mais un livre de vérité.... » [1]

Voilà le langage d'un gentilhomme, et son

l'honneur prescrit ; mais quand la Providence nous a mis dans une classe supérieure, il faut en jouir avec la décence convenable ; la modération et l'humilité sont des vertus ; poussées trop loin, elles tombent dans l'abjection. » — (Communiq. par Mr Armand Bourgeois, membre correspondant du Conseil Héraldique de France. — Voy. ma notice sur la maison de Condé, dans la revue *La Terre-Sainte*, 1er février 1887.)

[1] Lettre du 12 mai 1884.

généalogiste peut dire au lecteur, comme jadis le pieux des Guerroys :

« Icy, vous y treuverez tout avec preuve de la vérité et anticquité qui estoit cachée non dans le puits de Démocrite, mais ès vieils manuscripts presque perdus d'oubly, et avec un stil sincère. »[1]

[1] *La Saincteté Chrestienne*, p. 1.

INDEX DES NOMS[1]

A

[1] Les noms de lieux sont en italiques. — Le lecteur trouvera l'*Index des Sources* à la fin de l'*Histoire Généalogique des Courtin*.

B

C

D

E

F

N

O

R

S

T

Y

FIN DE L'INDEX DES NOMS.

TABLE DES MATIÈRES

14*

FIN DE LA TABLE DES MATIÈRES

Imprimerie de DESTENAY, à Saint-Amand (Cher).

www.ingramcontent.com/pod-product-compliance
Lightning Source LLC
Chambersburg PA
CBHW070815270326
41927CB00010B/2424